The Coronation of Their Majesties

KING CHARLES III & QUEEN CAMILLA

By Command of The King
the Earl Marshal is directed to invite

to be present at the Abbey Church of
Westminster on the 6th day of May 2023

Norfolk.

## LIEBE LESERIN, LIEBER LESER,

70 Jahre und 214 Tage war Elizabeth II. Königin des Vereinigten Königreichs und ihr Sohn Charles ihr Thronfolger. Nun ist sein großer Moment gekommen, am 6. Mai wird Charles zum neuen König von Großbritannien gekrönt.

König Charles III. ist zweifellos eine der faszinierendsten Persönlichkeiten des britischen Königshauses. Er ist ein Mann mit vielen Engagements, Leidenschaften und Talenten. Ein aktiver Umweltschützer, der sich seit Jahrzehnten für Nachhaltigkeit und Naturschutz einsetzt; ein erfahrener Reiter und Polo-Spieler und ein begeisterter Gärtner, der dafür bekannt ist, Stunden damit zu verbringen, Blumen und Sträucher zu pflegen und mit ihnen zu sprechen.

Aber was macht ihn so besonders? Charles ist ein Mann von großer Intelligenz und Weisheit, der sich Zeit nimmt, um über die großen Fragen des Lebens und der Welt nachzudenken. Er ist ein Mann mit einer tiefen spirituellen Dimension und einer außergewöhnlichen Sensibilität für Kunst, Architektur und Geschichte. Seine Liebe zur Tradition und zu kulturellen Werten macht ihn zu einem Mann, der die Vergangenheit respektiert, aber auch die Zukunft im Blick hat.

Was können die Briten also von ihm erwarten? Der neue König ist auch ein Mann mit großer Erfahrung und Kompetenz. Er hat jahrzehntelang als Mitglied der königlichen Familie gedient und wird zweifellos ein würdiger Nachfolger seiner Mutter sein und das Königshaus in eine neue Ära führen.

Dieses Magazin, das Sie hier in Händen halten, liebe Leserin, lieber Leser, möchte Ihnen deshalb noch einmal den neuen britischen König in all seinen Facetten vorstellen. Ob es um die Liebe seines Lebens geht, Camilla, die er 2005 endlich heiraten durfte und die mit ihm gekrönt wird, sein Engagement für nachhaltige Landwirtschaft oder auch sein starkes politisches Interesse – Charles wird aufgrund seiner Interessen und Leidenschaften eine ganz eigene Art haben, die Rolle des Königs auszufüllen und neu zu interpretieren.

Freuen Sie sich auf ein neues Kapitel in der langen Geschichte der britischen Monarchie. Ich wünsche Ihnen viel Spaß bei der Lektüre, machen Sie es sich gemütlich, kochen Sie sich eine Tasse Tee und tauchen Sie ein in die wechselhafte, spannende Geschichte des neuen Königs – King Charles III. Herzlichst Ihre

Nicole Kleinhammer

Chefredakteurin

P.S. Haben Sie die offizielle Einladung zur Krönung auf der vorherigen Seite gesehen? Falls Sie das Magazin verschenken möchten, schreiben Sie doch den Namen der beschenkten Person hinein …

# INHALT



## IMPRESSUM


Ein Titel der FUNKE Mediengruppe
FUNKE One GMBH
Jakob-Funke-Platz 1
45127 Essen

**Chefredakteurin**
Nicole Kleinhammer (V.i.S.d.P.)
nicole.kleinhammer@funkemedien.de

**Art-Direktorin**
Liliana Trinca

**Korrektur**
LEKTORNET

**Geschäftsführer**
Andrea Glock, Simone Kasik, Christoph Rüth

**Herstellung**
Jutta Eckebrecht

**Druck**
Mayr Miesbach GmbH
Am Windfeld 15
83714 Miesbach

**Vertrieb**
Gesamtvertriebsleitung:
Andreas Klinkmann

**Einzelhandel**
MZV Moderner Zeitschriften Vertrieb
GmbH & Co. KG
Ohmstraße 1
85716 Unterschleißheim

**Publishing Director & Commercial Management**
Immo Riege

**Titelfoto**
Andrew Errington

**Fotos**
Camera Press, DDP, Getty Images, The Royal Collection Trust

Wir bedanken uns beim Königlichen Palast für die Unterstützung.

**Chief Product Officer**
Sebastian Kadas

**ISBN: 978-3958561663**

FSC www.fsc.org MIX Papier aus verantwortungsvollen Quellen FSC® C019154

# Das Schönste aus den Königshäusern

## *Jetzt im Handel*

oder direkt unter www.frau-im-spiegel.de/ROYAL,
Tel. 0211-53805333.

Auch im App Store und bei Google Play

Erhältlich im App Store

JETZT BEI Google play

# Das Haus Windsor
# STAMMBAUM

# Das Haus Windsor
# STAMMBAUM

**Queen Elizabeth II.**
1926–2022
*Regentschaft*
*1952–2022*

**Philip, Herzog von Edinburgh**
1921–2021
*Heirat 1947*

**King Charles III.**
1948–
*Regentschaft*
*2022–*

**Diana, Princess of Wales**
1961–1997
*Heirat 1981*
*Scheidung 1996*

**Camilla, Queen Consort**
1947–
*Heirat 2005*

**Princess Anne**
1950–

**Mark Phillips**
1948–
*Heirat 1973*
*Scheidung 1992*

**Timothy Laurence**
1955–
*Heirat 1992*

**Prince Andrew**
1960–

**Sarah, Herzogin von York**
1959–
*Heirat 1986*
*Scheidung 1996*

**Prince Edward**
1964–

**Sophie, Herzogin von Edinburgh**
1965–
*Heirat 1999*

William, Prince of Wales 1982–
Catherine, Princess of Wales 1982– Heirat 2011
Prince George of Wales 2013–
Princess Charlotte of Wales 2015–
Prince Louis of Wales 2018–
Harry, Herzog von Sussex 1984–
Meghan, Herzogin von Sussex 1981– Heirat 2018
Archie Harrison Mountbatten-Windsor 2019–
Lilibet Diana Mountbatten-Windsor 2021–
Peter Phillips 1977–
Autumn Phillips 1978– Heirat 2008 Scheidung 2021
Savannah Phillips 2010–
Isla Elizabeth Phillips 2012–
Zara Tindall 1981–
Mike Tindall 1978– Heirat 2011
Mia Grace Tindall 2014–
Lena Elizabeth Tindall 2018–
Lucas Tindall 2021–
Princess Beatrice 1988–
Edoardo Mapelli Mozzi 1983– Heirat 2020
Sienna Elizabeth Mapelli Mozzi 2021–
Princess Eugenie 1990–
Jack Brooksbank 1986– Heirat 2018
August Philip Hawke Brooksbank 2021–
Lady Louise Mountbatten-Windsor 2003–
James, Viscount Severn, Earl of Wessex 2007–
Legende:
Heirat
Kinder
Thronfolge

KING CHARLES III · CORONATION · 6TH MAY 2023

# DAS ROYALE EREIGNIS DES JAHRES

Am 6. Mai 2023 findet die Krönung des britischen Königs Charles III. statt. Auch Camilla wird gekrönt. Beeindruckende Bilder, Wissenswertes und große Emotionen zur Krönung von „Their Majesties – the King and Queen"

Text: Andy Englert

Nach 70 Jahren wieder eine Krönung in Großbritannien. Ein großes Ereignis der Zeitgeschichte. Oder nur ein Ereignis der Geschichte, das irgendwie aus der Zeit gefallen ist? Nein. Denn so fernab vom 21. Jahrhundert die offizielle Erhebung des 74-jährigen Charles zu König Charles III. wirkte, so viel hatte er zuvor modernisiert. Eines ist allerdings geblieben: Als letzte Monarchie in Europa verwendet Großbritannien bei der Krönung noch „Regalia" – wie beispielsweise die zwei Zepter und den Reichsapfel mit rund 16 Zentimetern Durchmesser.

Niemals spielten Frauen bei einer Krönung in offizieller Funktion so wichtige Rollen – und sie mussten nicht einmal adlig sein. Das Programm, das bei der Queen noch gut drei Stunden gedauert hatte, wurde auf exakt zwei Stunden gestrafft. Und erstmals waren Monarchen aus anderen Ländern eingeladen – vom Erbprinzenpaar von Liechtenstein bis zum Maori-König aus Neuseeland, vom Fürsten von Monaco bis zum König des Südsee-Staates Tonga. Dazu Menschen, die sich durch überragendes ehrenamtliches Engagement ausgezeichnet hatten, ebenso wie Show-Größen, beispielsweise Katy Perry, Lionel Richie, Emma Thompson und der Magier Dynamo.

Einige Male bekam sogar das streng traditionelle Zeremoniell entspannte Züge. Etwa als Queen Consort Camilla hin und wieder sichtbar lächelte oder als der neue Thronfolger William seinem Vater einen Wangenkuss gab. Der neue König war sicher ein wenig angespannt – hatte aber zuvor auch mit den schwarzen Schafen seiner Familie royale Milde walten lassen: Bruder Andrew, nach seinem Sex-Skandal aller Ämter enthoben, durfte sich in der Robe des „Order of the Garter" zeigen, obwohl ihm die Queen selbst noch untersagt hatte, sie zu tragen. Und der mitteilsame Königshaus-Aussteiger und Bestseller-Autor Harry bekam einen Platz in der dritten Reihe.

Gut, dass es Harry gibt. Denn so gab es auch noch etwas Gossip. Genau 28 Stunden und 42 Minuten blieb er in seiner alten Heimat, wurde exakt mitgerechnet. Und er trug einen Cutaway aus dem französischen Hause Dior (dort war auch schon seine Mutter Diana Kundin gewesen) – ein kleiner Seitenhieb oder schon die Vorzeichen eines neuen lukrativen Werbevertrags? Apropos Geld: Weltweit wurde diskutiert, ob die Kosten für die Krönung gerechtfertigt seien: rund 250 Millionen Pfund und davon mehr als die Hälfte für Sicherheitsmaßnahmen? Fest steht: Allein die Krönung war ein Publikumsmagnet. Keine Chance, ein Zimmer in und um London zu bekommen. Oder, wie es Bundespräsident Frank-Walter Steinmeier formulierte: Das sei britische Tradition. So, wie es auch die Monarchie ist. Die Monarchie, die ein Mann, der eigentlich im Pensionsalter ist, jetzt modernisieren will – was davon in die Geschichtsbücher eingeht, werden wir erleben. Der Tag der Krönung wird es auf jeden Fall. *

### DIE KRONE SEINER MAJESTÄT

Seine Majestät wird der 40. Souverän, der in der Westminster Abbey gekrönt wird. Seit 1066 ist dies der Ort der Krönungen. Davor war man etwas pragmatischer: Krönungen fanden statt, wo es gerade möglich erschien. Zum Beispiel in Bath, Oxford oder Canterbury. Zwei Kronen trägt Charles bei der Krönung: Erst die mit 2,3 Kilo ziemlich schwere St Edward's Crown – und dann beim Verlassen der Kirche die leichtere und kleinere Imperial State Crown.

*Der Erzbischof von Canterbury, Justin Welby (links), nimmt bei der Krönungszeremonie den traditionellen Schwur ab. King Charles III. bejaht bei dem Gottesdienst mit beiden Händen auf der Bibel mehrere Schwurformeln. Neu ist die Einleitung, in der das Bekenntnis zur Wahrung der Glaubensfreiheit aller Menschen betont wurde. Im Anschluss küsst Charles die Bibel.*

*Der britische (nun erste) Thronfolger Prince William küsst seinen Vater bei der Krönungszeremonie und leistet einen Treueschwur: „Ich, William, Prince of Wales, gelobe euch meine Gefolgschaft, als euer Lehnsmann auf Leib und Leben werde ich euch Treue und Wahrhaftigkeit entgegenbringen, so wahr mir Gott helfe."*

# DAS GESCHIEHT WÄHREND DES GOTTESDIENSTES

In der Abtei wird die Krönungsprozession vom Kreuz von Wales angeführt, zu dem auch Fragmente einer Reliquie gehören, die als „Wahres Kreuz" bekannt ist. Papst Franziskus schenkte die Fragmente König Charles zur Krönung.

## DIE ANERKENNUNG

Zu Beginn des Gottesdienstes steht King Charles neben dem Krönungsstuhl, während der Erzbischof von Canterbury ihn den Gottesdienstbesuchern vorstellt. Die Gemeinde ruft „God Save King Charles!" (Der Krönungsstuhl ist ein Eichenstuhl, 700 Jahre alt und extrem zerbrechlich.)

## DER SCHWUR

King Charles schwört, die Kirche von England und das Gesetz zu wahren. Der Erzbischof von Canterbury stellt ihm vier Fragen, die Charles bejaht. Er schließt mit den Worten: „Ich, Charles, bekenne, bezeuge und erkläre feierlich und aufrichtig vor Gott, dass ich ein treuer Protestant bin und dass ich gemäß der wahren Absicht der Bestimmungen, die die protestantische Thronfolge sichern, die genannten Bestimmungen nach besten Kräften und gemäß dem Gesetz aufrechterhalten werde."

## DIE SALBUNG

King Charles legt sein zeremonielles Gewand ab und nimmt auf dem Krönungsstuhl Platz, bevor ihn der Erzbischof von Canterbury mit

**DIE WEIHE DES KRÖNUNGSÖLS**

In der Grabeskirche in Jerusalem wurde das spezielle „Chrisam" oder heiliges Salböl, mit dem der König bei der Krönung am 6. Mai gesalbt wird, vom Patriarchen von Jerusalem, Seiner Seligkeit Theophilos III., und dem anglikanischen Erzbischof in Jerusalem, Hosam Naoum, geweiht. Es wird in der Ampulla aufbewahrt, einem prächtigen Goldgefäß in Form eines Adlers, aus dem das Öl durch eine Öffnung im Schnabel gegossen wird. Die Ampulla wurde ursprünglich für die Krönung von König Charles II. im Jahr 1661 geschaffen und von Sir Robert Vyner hergestellt. Ihr Design basiert auf einem früheren Gefäß, das wiederum auf einer Legende aus dem 14. Jahrhundert beruht, in der die Jungfrau Maria dem heiligen Thomas Becket erschien und ihm einen goldenen Adler und ein Ölfläschchen zur Salbung der künftigen Könige von England überreichte. Für die Herstellung des Öls werden Oliven aus zwei Olivenhainen auf dem Ölberg verwendet, die sich im Kloster Maria Magdalena und im Himmelfahrtskloster befinden. Das Maria-Magdalena-Kloster ist die Grabstätte der Großmutter Seiner Majestät, Princess Alice von Griechenland. Das Krönungsöl basiert auf dem Öl, das bei der Krönung von Königin Elizabeth II. verwendet wurde und dessen Rezeptur sich seit Hunderten von Jahren bewährt hat. Es wird auch für die Salbung Ihrer Majestät, der Königingemahlin, verwendet.

*Als König Charles III. offiziell zum König erklärt wird, setzt ihm der Erzbischof von Canterbury die traditionelle St-Edward's-Krone auf. Dies ist das erste und einzige Mal, dass er diese besondere Krone trägt, die auch von Ihrer Majestät Königin Elizabeth II. bei ihrer Krönung 1953 getragen wurde. Sie besteht aus Gold, Silber, Perlen und insgesamt 444 Saphiren, Smaragden, Rubinen und Diamanten. Experten schätzen den Wert der Krone auf knapp 40 Millionen Dollar. Als Teil der britischen Kronjuwelen gehört die Krone aber nicht der Königsfamilie, sondern dem Vereinigten Königreich und wird im Tower of London verwahrt.*

*Nach Charles wird Camilla mit der Krone der Königin Mary gekrönt. Das erste Mal in der jüngeren Geschichte wird nicht eigens für diesen Anlass eine neue Krone angefertigt.*

heiligem Öl salbt. Der Patriarch von und der anglikanische Erzbischof in Jerusalem haben das Öl zu Beginn dieses Jahres in der Grabeskirche geweiht. Bei der Krönung von Queen Elizabeth II. im Jahr 1953 wurde die Salbung nicht gefilmt; auch bei der Krönung von Charles bleibt die Salbung ein privater Moment.

## AMTSEINFÜHRUNG & KRÖNUNG

King Charles wird mit zwei Zeptern und einem Reichsapfel ausgestattet. Ein Zepter, das Zepter des Souveräns mit Taube, steht für seine geistliche Rolle, das andere, das Zepter des Souveräns mit Kreuz, für seine weltliche Macht und gute Regierungsführung. Der Reichsapfel steht für religiöse und moralische Autorität. Ein Krönungsring wird an Charles' rechter Hand angebracht. Nachdem ihm alle Insignien überreicht wurden, setzt der Erzbischof König Charles die St-Edward's-Krone auf das Haupt.

## DIE INTHRONISIERUNG

Nach der Übergabe der Insignien wird der Erzbischof sagen: „Bleibt standhaft und haltet von nun an diesen Sitz der königlichen Würde, der euch durch die Autorität des allmächtigen Gottes zusteht. Möge derselbe Gott, dessen Thron ewig währt, Euren Thron in Gerechtigkeit errichten, damit er für immer fest stehe."

## DIE HULDIGUNG

Historisch gesehen knien die Prinzen des königlichen Blutes, der Erzbischof und andere hochrangige Persönlichkeiten nieder, um dem Monarchen zu huldigen und ihm Treue zu schwören. Bei Charles' Krönung wird die Zeremonie mit einer Huldigung der Kirche beginnen, dann folgt die Huldigung des königlichen Blutes (die von seinem Sohn, Prince William, durchgeführt wird), dann die Huldigung des Volkes (an der jeder teilnehmen kann, der möchte).

## CAMILLA WIRD KÖNIGSGATTIN

Zum ersten Mal seit 1937 wird parallel zur Krönung des Königs auch die der Gattin vorgenommen. Camilla wird auf expliziten Wunsch der verstorbenen Königin Elizabeth II. ebenfalls gekrönt. Ihr Titel: „Queen Consort" – Königsgemahlin. Wenn Charles aber vor ihr stirbt, verliert sie ihren Titel wieder, denn sie steht nicht in der Thronfolge. Das ist ein normaler Vorgang. Auch Queen Mum, die 2002 im Alter von 101 Jahren verstorbene Witwe von König George VI., war Königsgemahlin.

## ROYAL PODCAST

Und wie es mit der britischen Monarchie weitergeht erfahren Sie alle 14-Tage immer Mittwochs von unserem Royal Experten Andy Englert in seinem „Royal-Talk - Der königliche Podcast".

*Alles läuft perfekt … Glücklich lächelnd machen sich König Charles III. und Königin Camilla auf den Weg zum Balkon des Buckingham Palace …*

*Knapp 2000 Einladungen wurden verteilt. Rechts sieht man zum Beispiel König Carl XVI. Gustaf und Kronprinzessin Victoria von Schweden in einem leuchtend royalblauen Kleid.*

*Celebritys: Das britische Schauspielerpaar Greg Wise und Emma Thompson, die eine enge Freundin von Charles ist (oben). Unten und ganz unten: Aus den USA Lionel Richie und Katy Perry, die auch beim Krönungskonzert auftreten.*

*Auch Politiker stehen auf der Gästeliste: Justin Trudeau und Ehefrau Sophie Grégoire Trudeau (links) sowie Dr. Jill Biden, die ihren Mann, den amerikanischen Präsidenten Joe Biden, vertritt. Neben anderen sind auch Ursula von der Leyen, der US-Klimabeauftragte John Kerry und die Frau des ukrainischen Präsidenten Olena Selenska eingeladen.*

*Die „Zurückgetretenen“: Prince Harry, Herzog von Sussex (links), und Prince Andrew, Herzog von York (rechts), verlassen nach ihrer Teilnahme an den Krönungsfeierlichkeiten Westminster Abbey.*

*Von links nach rechts: Lady Louise Windsor, Vizeadmiral Sir Timothy Laurence, Sophie, Herzogin von Edinburgh, Princess Charlotte of Wales, Anne, Princess Royal, Catherine, Princess of Wales, Prince Louis of Wales, William, Prince of Wales, Ehrenpage Lord Oliver Cholmondeley, Prince George of Wales, Ehrenpage Nicholas Barclay, Ehrenpage Ralph Tollemache, König Charles III. und Königin Camilla zeigen sich auf dem Balkon des Buckingham Palace. Zum innersten Kreis der Working Royals gehört auch noch Charles' jüngster Bruder Edward, der Duke of Edinburgh.*

*Seit der Krönung von Edward VII. ist es üblich, dass der neue Monarch die Menschenmenge auf der Mall vom Buckingham Palace aus begrüßt …*

# DIE GOLDENE KUTSCHE – EIN MEISTERWERK KÖNIGLICHER HANDWERKSKUNST

Das Königspaar hat Westminster Abbey in der goldenen Staatskutsche, die 1760 für König George III. gebaut wurde, verlassen. Sie ist ein Symbol des britischen Königshauses und wurde für die Krönung jedes britischen Monarchen seit William IV. im Jahr 1831 verwendet

**DIE VIER TRITONEN –** neben jedem der vier Räder der Kutsche erscheint ein großer Triton, der die königliche Macht des Landes symbolisiert. Die beiden vorderen Tritonen blasen in Muschelschalen, während die hinteren Tritonen die Speere des Neptun tragen.

**DER WAGENKASTEN** ist aus mit Blattgold beschichtetem Holz gefertigt. Er wird von Riemen getragen, die mit marokkanischem Leder bezogen und mit vergoldeten Schnallen verziert sind.

**DREI PUTTEN AUF DEM DACH**
stellen die Vereinigung von England, Schottland und Irland dar. Sie tragen die Edwardskrone und halten das Schwert, das Zepter und das Abzeichen der Ritterschaft.

**DER INNENRAUM**
ist mit Samt und Satin ausgekleidet und gepolstert.

**ALLEGORISCHE BILDER**
von Giovanni Battista Cipriani repräsentieren Großbritanniens militärische, politische und kulturelle Bedeutung.

Länge: 7,3 Meter | Gewicht: 4 Tonnen

Die Gold State Coach ist eine der spektakulärsten Kutschen der Welt. Seit ihrer Fertigstellung im Jahr 1762 hat sie bei vielen bedeutenden Ereignissen der britischen Monarchie eine wichtige Rolle gespielt und ist zu einem Symbol der Macht und des Ansehens des britischen Königshauses geworden.

Die Geschichte der Gold State Coach beginnt im Jahr 1760, als Francis Hastings, der 10. Earl of Huntingdon, der zu diesem Zeitpunkt das Amt des King's Master of the Horse bekleidete, den berühmten königlichen schottischen Architekten Sir William Chambers beauftragt, für die Krönung von George III. und dessen Hochzeit mit Charlotte von Mecklenburg-Strelitz eine Kutsche zu entwerfen, die dessen Stil und Würde widerspiegelt.

Gebaut in den Londoner Werkstätten von Samuel Butler, beliefen sich die Kosten auf 7562 Pfund – eine enorme Summe damals.

Die Gold State Coach war eine der größten und prächtigsten Kutschen ihrer Zeit. Ihre Länge über sieben Meter, ihr Gewicht vier Tonnen, von acht Pferden gezogen.

*König Edward VII. 1902 in seiner Krönungskutsche. Da die Kutsche an Lederriemen aufgehängt ist, fehlt es ihr an modernem Komfort, was die Monarchen immer wieder beklagen.*

Aufgrund ihres Alters und ihres Gewichts wird sie immer nur im Schritttempo gefahren. Das Innere der Kutsche ist luxuriös mit rotem Samt und Goldstickerei ausgestattet; die Außenseite mit vergoldetem Schnitzwerk und Ornamenten verziert; das Dach mit Palmen und Lorbeergirlanden reich dekoriert. Der Name „Gold State Coach" basiert dabei auf der Tatsache, dass die Kutsche mit fast sieben Kilogramm Gold verziert ist.

Die Gold State Coach wurde erstmals aus Anlass der Parlamentseröffnung durch George III. am 25. November 1762 in Betrieb genommen. Bis zum Zweiten Weltkrieg war sie das übliche Transportmittel des Monarchen zum und vom Parlament bei der Staatseröffnung. Tatsächlich ist die Kutsche so wichtig für das britische Königshaus, dass sie in den königlichen Ställen, den Royal Mews, hinter dem Buckingham Palace aufbewahrt wird und nur für besondere Anlässe herausgeholt wird; die Öffentlichkeit kann sie aber immer besichtigten.

Die Kutsche wurde im Laufe der Jahrhunderte mehrfach renoviert und restauriert, um sicherzustellen, dass sie in einem einwandfreien Zustand bleibt. Eine der größten Renovierungen fand in den 1950er-Jahren statt, als sie fast vollständig auseinandergenommen und wieder zusammengebaut wurde. Der Wagen ist ein Beweis für die königliche Handwerkskunst und zeigt den Reichtum und das Ansehen der königlichen Familie. Aufgrund ihrer historischen Bedeutung und ihres kulturellen Erbes wurde die Gold State Coach 1987 in die Liste der kulturellen Schätze des Vereinigten Königreichs aufgenommen. ✻

**VICTORIA | REGIERUNGSZEIT 1837–1901**
Dieses Gemälde hält den Moment der Krönung von Königin Victoria in der Westminster Abbey fest, wenn nach der Krönung das Volk mit lauten und wiederholten Rufen „Gott schütze die Königin" rufen wird. Die Königin sitzt auf dem Krönungsstuhl, trägt die kaiserliche Staatskrone und hält in ihrer rechten Hand das Zepter mit dem Kreuz und in ihrer linken das Zepter mit der Taube.

# KRÖNUNG BRITISCHER MONARCHEN

Ein glorreicher Festzug der Geschichte: Die britische Herrschergeschichte hat eine lange und glanzvolle Vergangenheit, die über tausend Jahre zurückreicht

Die Krönung der britischen Monarchen ist eine der beständigsten und wertvollsten Traditionen in der Geschichte des Landes. Seit mehr als tausend Jahren markiert die Zeremonie die Thronbesteigung eines neuen Monarchen und ist ein Zeichen für die Kontinuität der Monarchie. Von den frühesten Krönungen bis heute ist das Ereignis von Ritualen, Prunk und Symbolik umgeben und spiegelt die tief verwurzelten Traditionen und Bräuche des englischen Volkes wider. Die erste dokumentierte Krönung eines englischen Monarchen in der Westminster Abbey fand am 6. Januar des Jahres 1066 statt. Der neu gekrönte König war Harold Godwinson, der nach dem Tod von Edward dem Bekenner auf den Thron kam. Harolds Herrschaft war jedoch nur von kurzer Dauer, denn nur neun Monate später wurde er in der Schlacht von Hastings von William dem Eroberer besiegt.

William der Eroberer selbst wurde nach seinem Sieg über Harold Godwinson am Weihnachtstag 1066 in der Westminster Abbey gekrönt. Dies war ein bedeutender Moment in der englischen Geschichte, der den Beginn der normannischen Eroberung und die Etablierung einer neuen Herrscherdynastie markierte. Die Zeremonie umfasste viele der gleichen Rituale, die auch heute noch befolgt werden, darunter die Salbung des Monarchen mit heiligem Öl und das Aufsetzen der Krone auf sein Haupt.

Im Laufe der Jahrhunderte wurde die Krönungszeremonie immer aufwendiger und komplizierter, und es kamen neue Rituale und Traditionen hinzu. Eine der bedeutendsten Veränderungen fand im 13. Jahrhundert statt, als der Monarch begann, die St Edward's Crown zu tragen, die auch heute noch verwendet wird. Diese Krone wurde erstmals für die Krönung von Edward dem Bekenner im Jahr 1042 angefertigt und galt als Symbol für die geistliche Autorität des heiligen Königs. Eine weitere wichtige Änderung erfolgte 1953 anlässlich der Krönung von Königin Elizabeth II. Zum ersten Mal wurde das Ereignis im Fernsehen übertragen, sodass Millionen von Menschen auf der ganzen Welt die Zeremonie mitverfolgen konnten. Dies war ein bahnbrechender Moment in der Geschichte der Monarchie, denn er markierte den Beginn einer neuen Ära der Massenkommunikation und der Modernität. Die aktuelle Krönung von Charles ist die 40. Krönung, die in der Westminster Abbey stattfindet, darunter wurden 6 Königinnen gekrönt. *

*Die Krönungsrobe von George III. besteht aus 33 Metern karmesinrotem Samt und ist mit 106 Metern breiter Goldspitze verziert.*

**ELIZABETH I. | REGIERUNGSZEIT 1558–1603**

Dieses Gemälde ist als „Krönungsporträt" bekannt und zeigt Königin Elizabeth I. in einem goldfarbenen Gewand, das sie bei ihrer Krönung am 15. Januar 1559 anlegte. Sie hält den Reichsapfel und das Zepter, Symbole ihrer Autorität.

**CHARLES II. | REGIERUNGSZEIT 1660–1685**

Die extravagante Kleidung spiegelt nicht nur seine Macht und seinen Status als König Charles II. von England wider, sondern auch das männliche Ideal der damaligen Zeit. Er trägt Lockenperücke, Spitze, weiße Strümpfe und hochhackige Schuhe.

**GEORGE VI. | REGIERUNGSZEIT 1936–1952**

König wider Willen. Nachdem sein Bruder Edward VIII. wegen der geschiedenen Amerikanerin Wallis Simpson zurücktrat, war George VI. bis zu seinem Tod Oberhaupt des British Commonwealth of Nations sowie bis 1947 letzter Kaiser von Indien.

**ELIZABETH II. | REGIERUNGSZEIT 1952–2022**

Nach dem frühen Tod ihres Vaters übernimmt die 25-Jährige die Krone. Elizabeth II. repräsentiert Großbritannien im In- und Ausland und besucht während ihrer 70-jährigen Regierungszeit mehr als 100 Länder. Ihr Ruf: pflichtbewusst und besonnen.

70 JAHRE AUF DEM THRON

# THE QUEEN IS DEAD. LONG LIVE THE KING!

Unerschütterlich erschien die Queen in den vergangenen Jahrzehnten in farbenfroher Kleidung bei Einweihungen, Ordensverleihungen und Thronreden. Doch zuletzt wirkte die britische Königin Elizabeth II. gesundheitlich angeschlagen. Am 8. September 2022 ist sie verstorben

Queen Elizabeth II. ist tot. Die britische Königin starb im Alter von 96 Jahren auf Schloss Balmoral. In ihren letzten Stunden waren ihren beiden ältesten Kinder bei ihr, Prince Charles und Princess Anne. Prinz Andrew, Prinz Edward, seine Frau Sophie und Prinz William erreichten Balmoral erst nach dem Tod der Queen. Auch Prince Harry konnte sofort nach Schottland reisen, weil er wegen der Invictus Games ohnehin in Europa war. Die Queen hinterlässt vier Kinder, acht Enkelkinder, zwölf Urenkelkinder und geschätzt 410 Millionen Euro. Sie war das Staatsoberhaupt von 15 Ländern, von so vielen wie niemand sonst. Neben dem Vereinigten Königreich herrschte sie auch über Kanada, Australien, Neuseeland und mehrere Inselstaaten in der Karibik und im Pazifik.

Die Königin war eine Dienerin – unermüdlich im Einsatz für ihr Reich. Noch 2015 hatte sie 341 Termine. Als sie die 90 überschritt, waren es immer noch knapp unter 300. „Man muss gesehen werden, um geglaubt zu werden“, war ihr Motto.

## DIE QUEEN WAR DIE ÄLTESTE UND DIE AM LÄNGSTEN REGIERENDE MONARCHIN DER WELT

Ihr Pflichtbewusstsein war das einer vergangenen Epoche – sie klagte nie, aber sie erklärte sich auch nie. Mit Queen Elizabeth II. starb somit nicht nur ein Mensch, sondern eine der größten Symbolfiguren der vergangenen 100 Jahre, die prägendste Repräsentantin der westlichen Zivilisation. Sie war die Konstante in Jahrzehnten, in denen sich die Welt ein paarmal komplett veränderte. Kritiker der Monarchie würden sagen: Sie war ein Relikt.

2022 hatte sie gerade noch ihr 70. Thronjubiläum gefeiert. Damit war sie die älteste und die am längsten regierende Monarchin der Welt. Den Rekord ihrer Ururgroßmutter Königin Victoria brach sie bereits 2015. Und kein britischer Thronfolger hing so lange in der Warteschleife wie der neue König von Großbritannien, Elizabeths Erstgeborener Charles. Noch nie war ein britischer König beim Amtseintritt so alt wie der inzwischen 74-Jährige.

Die Queen erlebte 15 Premierminister und Premierministerinnen, von Winston Churchill bis Liz Truss. Noch am 6. September ernannte sie Truss formal zur neuen Premierministerin, die allerdings nur 45 Tage im Amt blieb. Zum ersten Mal in ihrer kompletten Regentschaft passierte dieses Ritual auf Schloss Balmoral. Mit Margaret Thatcher verband sie so einiges. Zwei reservierte Frauen von eiserner Disziplin – das Verhältnis der beiden wurde als unterkühlt beschrieben. Zudem überlebte die Queen einen Weltkrieg und 1981 bei einem Ausritt sechs Schüsse, die ein 17-Jähriger auf sie abfeuerte. Es waren Platzpatronen. Ein Jahr später stand ein verwirrter Eindringling in ihrem Schlafzimmer. Die Queen verwickelte ihn in ein Gespräch, bis der Sicherheitsdienst endlich seinen Job tat.

*Mit ihrer vier Jahre jüngeren Schwester Margaret an ihrer Seite hält Princess Elizabeth, 14, im Oktober 1940 ihre erste öffentliche Rede während einer Radiosendung für das Kinderprogramm der BBC, angesprochen sind vor allem Evakuierte.*

*Links: Eine freudige Queen Consort mit ihrer älteren Tochter Princess Elizabeth, die noch etwas skeptisch schaut, nach der Krönung von König George VI. auf dem Balkon des Buckingham Palace. Oben: Philip und Elizabeth posieren wenige Monate vor ihrer Hochzeit für ein offizielles Porträt, das 1947 im Buckingham Palace aufgenommen wird und Teil einer Serie von Fotos mit der Familie ist.*

*Während des Gottesdienstes legt Elizabeth den Eid ab, dass sie die Völker nach ihren jeweiligen Gesetzen und Gebräuchen regieren wird, sie wird mit heiligem Öl gesalbt, erhält die Insignien und wird zur Königin gekrönt.*

## DIE QUEEN ALS IKONE: VOM GROSSREICH BIS ZUM BREXIT

Sie überstand auch den Verlust ihres Empires. Von dem größten Reich der Geschichte, das einst ein Viertel der Erdoberfläche ausmachte, blieben zuletzt nur das Kernland, Gibraltar und ein paar verstreute Inseln. Sie erlebte aber auch den Eintritt ihres Landes in die EU – und den Austritt. Den Brexit soll sie nicht gutgeheißen haben.

Elizabeth II. war auch Popkultur, ihr ikonisches Porträt zierte exotische Währungen, Kaffeetassen und Kunstwerke von Andy Warhol bis Lucian Freud. Sie wurde verspottet von Punkbands wie den Sex Pistols, eine bald ebenfalls legendäre Rockband benannte sich nach ihr. Helen Mirren gewann 2007 den Oscar für ihre Titelrolle im Kinofilm „The Queen", die Netflix-Serie „The Crown" erzählt die Saga der königlichen Familie.

Natürlich war sie auch eine Mode-Ikone: Ihre Kombinationen aus pastellfarbenen Mänteln, Hüten, Handschuhen und Handtaschen waren ein zeitloses Markenzeichen. Die Art, wie sie ihre Handtasche hielt, diente ihrer Entourage als ein Geheimcode. Ein Armwechsel etwa bedeutete: Ich will weiter.

Ihren größten Quälgeistern, den Boulevardblättern, konnte sie nicht entkommen. Doch wie ein Fels trotzte sie den Skandalen. Denn ihre Verwandtschaft führte sich auf wie in einem Shakespeare-Drama – und immer öfter wie in einer Seifenoper.

„Wie alle besten Familien haben wir unseren Anteil an Exzentrizitäten, an ungestümen und eigensinnigen Jugendlichen und an familiären Meinungsverschiedenheiten", seufzte sie.

## IHR AMT VERDANKT DIE QUEEN EINER VERBOTENEN LIEBE

Allerdings verdankt sie einem Skandal überhaupt erst ihr Amt: Ihr Onkel König Edward wirft 1936 hin und brennt mit der geschiedenen Amerikanerin Wallis Simpson durch. Ihr Vater George, ein Stotterer, übernimmt – plötzlich ist der Teenager Kronprinzessin.

Eine Schule besucht sie nie, aber sie wird am Hof auf ihre Rolle vorbereitet. Mit 14 hält sie ihre erste Radioansprache. Zu schade ist sie sich für nichts: Sie lässt sich zur Automechanikerin und Kraftfahrerin ausbilden. Als ihr Vater 1952 mit nur 56 Jahren stirbt, besteigt die 25-Jährige den Thron.

Ihre Krönung wird das erste Großereignis des noch jungen Mediums Fernsehen – 300 Millionen weltweit sehen zu. Mit Disziplin und Würde meistert sie fortan in turbulenten Jahrzehnten ihre Aufgabe.

*Camilla, Queen Consort, Meghan, Herzogin von Sussex, Prince George of Wales, Catherine, Princess of Wales, Princess Charlotte of Wales und Sophie, Herzogin von Edinburgh, während des Staatsbegräbnisses von Königin Elizabeth II. in der Westminster Abbey.*

## DIANAS RACHE AM PALAST

Das schlimmste Jahr ist für sie 1992: Schloss Windsor brennt, in Schutt und Asche liegen auch die Ehen ihrer Kinder. Andrew trennt sich von seiner Frau Sarah Ferguson. Zuvor waren Bilder aufgetaucht, auf denen ein Liebhaber an Fergusons Zeh nuckelt. Charles trennt sich von seiner Frau Diana. Es kommt noch schlimmer: Die einst so scheue Schwiegertochter rächt sich für die im Palast erlittene Schmach mit Buch und Interview.

Als „Königin der Herzen" inszeniert sie sich nun und wird beliebter als die Royal Family. Als Diana 1997 tödlich verunglückt, gerät ein Land in den Ausnahmezustand. Die Queen verschanzt sich, kümmert sich um die verstörten Enkel. Doch das Volk fordert eine Gefühlsregung. Die Queen gibt nach, hält eine Ansprache und kittet in letzter Minute den Riss zwischen ihr und den Briten. Es ist ihre größte Krise.

Ihre Popularität steigt wieder, und ihre Ausdauer verlangt selbst Monarchiegegnern Respekt ab. Die Skandale in der Familie reißen jedoch nicht ab. Zuletzt machen ihr ihr abtrünniger Enkel Harry und ihr Sohn Andrew, der in ein Missbrauchsverfahren verwickelt ist, Kummer. Im April 2021 verliert sie ihren Ehemann. Fast 74 Jahre waren sie und Prince Philip verheiratet, die längste Ehe in der Geschichte der Monarchie.

Als Mutter soll sie eher kühl gewesen sein, das Protokoll ließ eben nicht viel Spielraum. Doch als Großmutter war sie liebevoll. Ansonsten liebte sie ihre Corgis, Pferde, Autos, Earl Grey Tea, Toastbrot (ohne Kanten), Krimis, Fußball. Und sie hatte einen trockenen Humor. Ihre Parodien der Premierminister waren eine Gaudi, erzählt man. Noch im Oktober 2021 lehnte sie eine Auszeichnung zum „Oldie des Jahres" ab. Begründung: Man sei nur so alt, wie man sich fühle. Sie erfülle daher die Kriterien (noch) nicht.

## AN DIE QUEEN WIRD MAN SICH LANGE ERINNERN

Politisch äußern durfte sie sich nie. Einige sehen sie jedoch als treibende Kraft hinter dem Ende der Apartheid Südafrikas. Ihr Irland-Besuch 2011 galt als wichtiges Symbol der Aussöhnung. Und natürlich setzte sie als mächtige Frau auch weltweit ein mächtiges Zeichen. So weigerte sie sich, dem erwarteten Frauenbild – nahbar, adrett, nett – zu entsprechen. „Es ist unfair", stellte sie einmal fest. „Wenn ein Mann nicht lächelt, gilt er als ernsthaft, nicht als mies gelaunt."

Der Tod der Queen macht deutlich, dass alles, wirklich alles einmal endet. Aber die Queen lebt weiter, sie wird wohl noch für Jahrhunderte Teil des kollektiven Gedächtnisses bleiben. Die robuste Familie von Thronfolger Prince William ist zudem ein Glücksgriff für den Fortbestand der Monarchie. Als Identitätsstifterin hat die Queen ihr Land geeint, in Trauer sind die Briten vereint. „Trauer ist der Preis, den wir für die Liebe zahlen", sagte sie einmal. *

*King Charles III. (vorne), Anne, Princess Royal (links), Prince Andrew, Herzog von York (hinten, nicht zu sehen) und Edward, Herzog von Edinburgh (rechts) halten eine Mahnwache am Sarg ihrer Mutter, Königin Elizabeth II., während dieser auf dem Katafalk in der Westminster Hall im Palace of Westminster vor ihrer Beerdigung am Montag, dem 19. September 2022 in London, England, aufgebahrt ist.*

EIN LEBEN IM WARTESAAL

# BORN TO BE A KING

## Während das Land die Krönung seines neuen Herrschers feiert, werfen wir einen Blick auf Charles' bemerkenswerte Reise vom kindlichen Prinzen zum lebenserfahrenen König mit Humor

Über die Geburt von Prince Charles freute sich seine Familie ebenso wie das ganze Land. Nach den entbehrungsreichen Jahren des Krieges war zunächst im Sommer 1947 die Verlobung von Princess Elizabeth mit Philip Mountbatten bekannt gegeben worden, noch im November erfolgte die Heirat – ein vielfach ersehntes Fest, das fast exakt zwölf Monate später durch ihr erstes Baby noch einmal zusätzlichen Glanz erhielt. Die Geburt dieses Prinzen bedeutete für seine Familie eine Wendung zum Guten: Ein Jahrzehnt nach der Abdankungskrise erhielt das Haus Windsor neue Kraft und sicherte die Nachfolge bis ins 21. Jahrhundert.

Elizabeth und Philip verbrachten die letzten Monate der Schwangerschaft zusammen mit König George VI. und Königin Elizabeth, in der Belgischen Suite des Buckingham Palace wurde ein provisorischer Kreißsaal eingerichtet. Doch als es endlich losging, erwies sich die Entbindung als langwierig und schwierig. Prince Philip wurde, wie seinerzeit alle Väter, außen vor gehalten, und als die Wehen den zweiten Tag andauerten, ließ er seine Anspannung auf dem Squashplatz aus. Dort erreichte ihn am 14. November 1948 die Nachricht von der Geburt seines Sohnes. Die offizielle Bekanntgabe erfolgte kurz vor Mitternacht. Daraufhin wurden im ganzen Land Freudenfeuer entzündet, und vor dem Palast feierten die Menschen bis in die frühen Morgenstunden, ehe ein Palastdiener sie aufforderte, ihren Jubel zu unterdrücken, damit Mutter und Kind sich ausruhen konnten. Das Land diskutierte enthusiastisch mögliche Namen für den Neugeborenen, da die diesbezügliche Entscheidung seiner Eltern bis zur Taufe geheim gehalten wurde. Die erfolgte einen Monat später: Am 15. Dezember 1948 taufte der Erzbischof von Canterbury, Geoffrey Fisher, den Zweiten der Thronfolge auf den Namen Charles Philip Arthur George.

Seine Königliche Hoheit Prince Charles von Wales, so die offizielle Anrede, verbrachte bald darauf sein erstes Weihnachtsfest mit der Familie in Sandringham. Doch in seinen ersten Lebensjahren kam es zu mehreren Trennungen von Mutter und Vater. Schon das folgende Jahr 1949 brachte große Veränderungen für den kleinen Prinzen. Im Juli war Clarence House nach einer umfassenden Renovierung endlich für seine neuen Bewohner bereit, und Charles verließ das Haus seiner Großeltern, um mit seinen Eltern quasi um die Ecke zu ziehen. Der Abschied von George VI. und Elizabeth sollte jedoch nicht lange dauern, denn Philip, der in den aktiven Dienst zurückkehren wollte, hatte einen neuen Posten in der Mittelmeerflotte erhalten. Er reiste nach Malta ab, seine Frau folgte ihm wenig später.

Den kleinen Charles ließen sie bei seinen Großeltern zurück, und einen Großteil seiner Pflege und Erziehung übernahmen Kindermädchen und eine Gouvernante – nicht ungewöhnlich in diesen Kreisen. Doch Jahre später erzählte Charles, dass seine Mutter nicht so viel Zeit mit ihm verbracht habe, wie er es sich gewünscht hätte. Als sich der Gesundheitszustand von George VI. verschlechterte, kehrte Princess Elizabeth zurück, um mehr Aufgaben am Hof zu übernehmen, und verbrachte auch glückliche Tage mit ihrem Sohn – der bald ein großer Bruder wurde. Doch einige Monate nach der Geburt von Princess Anne im August 1950 kehrte die zukünftige Königin nach Malta zurück, um sich Philip anzuschließen. Charles verbrachte immer weniger Zeit mit seinen Eltern und wärmte sich mehr an der Aufmerksamkeit seiner Großmutter.

Auch an dem Tag, der sein Leben viel zu früh einschneidend veränderte, war Charles von seinen Eltern getrennt: Seine Mutter machte auf ihrer Weltreise in Kenia Station, als ihr Vater am 6. Februar 1952 im Schlaf starb und die 25-Jährige buchstäblich über Nacht Königin wurde. Ihr Sohn war nun der erste Thronfolger, mit dem neuen Titel Herzog von Cornwall und einer neuen Rolle, die auf ihn zukam. Mit diesen enormen Erwartungen ging eine große Verantwortung einher, die bald schwer auf den Schultern des jungen Prinzen lasten sollte.

### CHARLES UNTER DRUCK

Im Jahr 1962 wurden zwei weiterführende Schulen für die Ausbildung des Prinzen in Betracht gezogen: Eton College im nahen Windsor oder Gordonstoun im Norden Schottlands. Auf ebenjener Schule hatte der junge, ungestüme Prince Philip einst das beste Zuhause gefunden, das er je gekannt hatte. Die auf dem Internat herrschende Disziplin hatte ihm

*Die beiden Ersten in der Thronfolge 1949: Eine strahlende Princess Elizabeth prä sentiert ihren noch kein Jahr alten Sohn Prince Charles.*

*Oma ist die Beste: Queen Elizabeth, die spätere Queen Mum, 1950 mit Enkel Charles und Pippin.*

*Der Prinz (links) 1957 mit Schulkameraden – die nicht wirklich Freunde wurden.*

Stabilität und Struktur gegeben, und so war es nicht verwunderlich, dass Philip für die Erziehung seines eigenen Sohnes sofort Gordonstoun vorschlug. Die Königinmutter hingegen plädierte für Eton. Das letzte Wort hatte die Königin. Sie stellte sich auf die Seite ihres Mannes, und Charles' Schicksal war besiegelt. Denn die Folgen dieser Entscheidung würden den zukünftigen König lange quälen. Wo Philip einst aufblühte, brach sein Sohn unter dem Druck zusammen. Im Februar 1963 schrieb Charles an seine Großmutter: „Ich hasse es, hierher zurückzukommen … Ich kann im Haus kaum schlafen, weil ich schnarche und die ganze Zeit auf den Kopf geschlagen werde. Es ist die absolute Hölle." Mehrere Jahre lang ertrug er das Mobbing und verließ Gordonstoun nur für ein paar Monate, um in Australien zu studieren. Dort wurde Charles auf dem Timbertop Campus der Geelong Grammar School einquartiert, eine abgelegene Schule, drei Autostunden von Melbourne entfernt, die ihre Schüler zu Aktivitäten im Freien wie Baumfällen und Cross-Country-Läufen anregte. Dort lebte er endlich wie ein normaler Schüler und wurde auch so behandelt. Vielleicht änderte diese Erfahrung etwas in seinem Auftreten: Als Charles trotz seiner traumatischen Erlebnisse in Gordonstoun für sein letztes Schuljahr dorthin zurückkehrte, wählten die anderen ihn zum Schülersprecher. Wenige Monate vor seinem Schulabschluss stellte sich erneut die Frage nach seiner Zukunft. Es wurde beschlossen, dass Charles das Trinity College in Cambridge besucht, um Anthropologie, Archäologie und Geschichte zu studieren. Der Prinz war zwar nicht so akademisch interessiert wie seine Kommilitonen, doch seine Tutoren lobten seinen Fleiß. Was Charles wirklich liebte, war die Schauspielerei. Er war aber nicht nur im Cambridge University Dramatic Club als Regisseur und Produzent von Theaterstücken tätig, sondern trat auch dem Orchester des Trinity College bei, in dem er recht ordentlich Cello spielte.

**Nach Schule und Universität beginnt für Charles endlich eine unbeschwerte neue Zeit**

Obwohl er das Universitätsleben schätzte, sehnte sich Charles nach draußen. „Jede Ausrede, um Cambridge zu entfliehen und über gepflügte Felder zu stapfen, statt in Hörsälen zu stagnieren, ist mir sehr willkommen", schrieb er 1969 einem Freund.

Im Vorfeld seiner Amtseinführung als Prince of Wales wurde Charles in jenem Jahr aus Cambridge abgezogen und an die Aberystwyth University geschickt, um die walisische Sprache und Kultur zu erlernen. Im Juli 1969 übertrug das Fernsehen Charles' Amtseinführung – und niemand merkte, dass er wegen des Ende der 1960er-Jahre eskalierenden Nordirland-Konflikts eine kugelsichere Weste unter seinem Ornat trug.

Im folgenden Jahr verließ er Cambridge. In einem Interview mit dem „Observer" in den 1970er-Jahren sagte Charles rückblickend: „Ich habe die Schule nicht so sehr genossen, wie ich es hätte tun können, aber das lag nur daran, dass ich zu Hause glücklicher bin als irgendwo anders."

## DIE FRAUEN STEHEN SCHLANGE

Seine Verlobung mit Diana war noch in weiter Ferne, und bis dahin ließ Charles nichts anbrennen: In den 1970er-Jahren avancierte der damalige Prince of Wales zu einem der begehrtesten Junggesellen der Welt. Der einst schüchterne, gemobbte Junge und Teenager blühte mit dem Erwachsenwerden auf. Er war ein begeisterter Sportler und engagiertes Mitglied der Streitkräfte, und es bestand kein Mangel an alleinstehenden, wohlerzogenen jungen Frauen, die auf einen guten Fang hofften und den zukünftigen König kennenlernen wollten. Charles' Großonkel Lord Mountbatten ermutigte ihn unverblümt, sich „die Hörner abzustoßen". Er riet seinem Neffen, sich nicht dem Druck einer zu frühen Heirat zu beugen, sondern so viele Affären wie möglich zu haben, solange er noch die Gelegenheit dazu hätte, sprich bevor er ein Ehemann wäre.

*Niemals unbeobachtet: Königin Elizabeth II. chauffiert 1957 ihre Kinder Anne und Charles durch das Städtchen Windsor – immer wieder eine Attraktion. Unten: Als Student trug Charles auch Jeans, hier im April 1968 bei archäologischen Grabungen in der Höhle La Cotte de St Brelade auf der Insel Jersey.*

*Am Trinity College in Cambridge gab es kein Personal: der hungrige Charles 1969 in seiner Unterkunft.*

Charles tat sein Bestes, um den Rat seines Onkels umzusetzen, hielt sich aber an die Spielregeln: Die überwiegende Mehrheit seiner Partnerinnen stammte aus der exklusiven Welt des Hochadels. Von seinen vielen Beziehungen waren einige zwanglos, andere ernsthaft. Und immer stand die Frage im Raum: Würde eine dieser Frauen bleiben? Ob er nur Spaß suchte oder wirklich die eine Gefährtin, mit der er den Rest seines Lebens verbringen könnte, weiß nur er selbst. In jedem Fall wird sein Großonkel zufrieden mit ihm gewesen sein.

Auf der anderen Seite stand die königliche Familie, die darauf bedacht war, dass der Thronfolger eine angemessene Ehe einging, schließlich hing der Fortbestand der Monarchie davon ab. Das bedeutete im Idealfall jemanden von ähnlichem gesellschaftlichen Rang, und so wurde das Netz nach einer jungen, unbescholtenen Frau aus einer tadellos respektablen und aristokratischen Familie weit ausgeworfen. Camilla Rosemary Shand, die Charles Anfang der 1970er-Jahre kennen- und lieben gelernt hatte, entsprach nicht den gewünschten Standards und hatte wohl wissend 1973 Andrew Parker Bowles geheiratet, mit dem sie in den 70er-Jahren zwei Kinder bekam.

## WARTEN AUF DEN SPITZENJOB

Angeleitet von seiner stets vorbildlich auftretenden Mutter, hat Charles schon immer äußerst pflichtbewusst gehandelt – eine Einstellung, die ihm heute als König zugutekommen wird. Denn natürlich ist es nicht leicht, der erste Thronfolger zu sein. Es gibt keine offizielle verfassungsmäßige Rolle für diese Position. Viele, die vor ihm den Titel Prince of Wales trugen, hatten Mühe, jenseits dieser Warteposition ihren Platz in der Welt zu finden, und rutschten dadurch in den ein oder anderen Skandal. Für Charles stellte das nie ein Problem dar.

**Geschickt verbindet Charles royale Pflichten mit persönlichen Interessen**

Und wie Elizabeth, die bis zwei Tage vor ihrem Tod ihrer königlichen Arbeit nachging (alle erinnern die Fotos vom Treffen der kleinen, zerbrechlich wirkenden Queen bei der Ernennung von Kurzzeit-Premierministerin Liz Truss), war auch Charles immer stolz auf seine unerschütterliche Arbeitsmoral und seine Hingabe an das Land. Also wartete er nicht darauf, die Krone zu erben, sondern schuf sich einen Platz als Geschäftsmann, Umweltschützer und Mäzen und beeindruckte das Volk als Prinz, der seine Pflichten ernst nimmt.

Mit fortschreitendem Alter der Queen war oft spekuliert worden, ob Charles zugunsten seines Sohnes William auf den Thron verzichten würde, doch Charles war sich seiner schicksalhaften Bestimmung stets bewusst und entschlossen, sich auf die unmittelbare Übernahme des Amtes vorzubereiten.

An der Seite von Camilla vertrat er in den letzten Jahren seine zunehmend gebrechlicher werdende Mutter als nationales Aushängeschild sowohl in der Heimat als auch in der ganzen Welt. Mit großer Leidenschaft widmete er sich seinen karitativen Aufgaben. Er war und ist Schirmherr von Hunderten Wohltätigkeitsorganisationen, deren Ziele von der Gesundheitsfürsorge über die Entwicklung in Übersee bis hin zum Naturschutz reichen, da-

*Fürst von Wales, wie es korrekt heißt, war er lange vor der Amtseinführung im Juli 1969: Charles und seine Eltern auf dem Balkon von Caernarfon Castle. Unten das Banner mit dem deutschen Motto des Prince of Wales, „Ich dien“.*

*Mit gebührendem Abstand zur Queen verlassen Prince Philip, Anne und Charles 1970 bei der Ankunft in den USA das Flugzeug.*

runter sein eigener Prince's Trust. Im Jahr 2019 machten Charles' Pflichten als Senior Royal erstmals eine andere Art Schlagzeilen: Berichten zufolge war es Charles, der im Namen der königlichen Familie handelte, nachdem Prince Andrew in einem verhängnisvollen Fernsehinterview über seine Freundschaft mit Sexualstraftäter Jeffrey Epstein gesprochen hatte.

Während die Königin ihre politischen Ansichten nie offen benannte, sondern allenfalls subtil durchblicken ließ, musste ihr Sohn nicht so zurückhaltend agieren. Durch seine Lobbyarbeit und sein Engagement für wohltätige Zwecke hat er sich als ein Mann mit starken Ansichten etabliert. Sein Name und sein Titel bringen ein Druckmittel mit sich, das nur wenige andere von Hause aus mitbringen, und das hat er bislang gern eingesetzt, wo immer es nötig war, auch in Briefen an hochrangige Regierungsvertreter, in denen er seine Meinung zu Umwelt- und Naturschutzfragen kundtat. Jetzt werden seine Kritiker scharf auf alles achten, was darauf hindeutet, dass Charles III. versuchen könnte, sich in die Angelegenheiten der Regierung einzumischen, ganz gleich, wie dezent der Druck ausgeübt werden mag.

Ob Charles als neues Staatsoberhaupt deswegen verstummen wird? Unwahrscheinlich. Der Mann ist ein Unikum in der Monarchie – der erste britische Monarch, der eine Schule besucht hat, statt zu Hause erzogen zu werden, und einen Universitätsabschluss hat. Er wuchs in einer höchst wechselhaften Periode der britischen Geschichte auf und ist ebenso von diesen Entwicklungen geprägt wie Elizabeth II. von ihrer eigenen behüteten Kindheit. Charles hat seine Interessen bislang ziemlich direkt geäußert und ist möglicherweise nicht gewillt, einen Schritt zurückzutreten, eine neutrale Position einzunehmen und sich auf die ihm zugedachte Aufgabe des Repräsentierens zu beschränken. Anders gesagt ist es fraglich, ob er eine der beliebtesten Herrscherinnen der Welt einfach nachahmen will.

**Die neue Verantwortung nimmt er gern an, denkt aber seine Rolle ebenfalls neu**

Charles' ohnehin prall gefüllter Terminkalender wird nun noch voller werden, und er wird Prioritäten setzen müssen. Wahrscheinlich kommt mehr Verantwortung auf Prince William zu. Auch William bereitet sich sein ganzes Leben lang darauf vor, eines Tages König zu werden, er könnte viele der Aufgaben übernehmen, die sein Vater aufgeben muss. Charles hat bereits angekündigt, dass er Veränderungen als notwendig erachtet. Deren Ausmaß und die Form seiner Regentschaft könnten die Zukunft der britischen Monarchie tiefgreifend beeinflussen.

## DIE PLÄNE DES KÖNIGS

Charles' erklärter Wunsch ist schon lange ein kleinerer Hof. Er möchte die arbeitenden Royals auf seine direkten Erben reduzieren. Das Ausscheiden von Prince Harry und Meghan, der Herzogin von Sussex, zwingt Charles nach Ansicht königlicher Kommentatoren jedoch möglicherweise, diesen Kreis zu erweitern. „Er wird diese Idee noch einmal überdenken müssen", sagt die CNN-Mitarbeiterin Victoria Arbiter. „Es wäre ein sehr kleiner Pool von Leuten für eine riesige Menge an Arbeit, also denke ich, dass Charles sich in absehbarer Zukunft auf Edward und Sophie

*Rasen unter den Reitstiefeln, obenherum ein Sakko oder Pullover in Marineblau – aber wechselnde Damen: Oben links Charles mit seiner Freundin Lady Jane Wellesley um 1974 im Windsor Great Park. Daneben, im Juni 1976, in einer anderen Ecke des riesigen Parks: Der damalige Thronfolger mit Davina Sheffield. Unten links sieht man ihn im Juli 1977 mit Lady Sarah Spencer (einer älteren Schwester von Lady Diana) bei einem Polospiel im Guards Polo Club in Windsor. Das letzte Foto entstand noch weiter im Süden Englands: Charles und Sabrina Guinness 1979 im Cowdray Park. Etwas haben all diese Frauen gemeinsam: Mit ihrem Geliebten Händchen halten, sich umarmen oder womöglich sogar küssen war in der Öffentlichkeit nicht gestattet.*

*Flugunterricht beginnt am Boden: Im August 1968 übt Charles im Cockpit einer Chipmunk der Royal Air Force auf dem Stützpunkt Tangmere.*

sowie Anne stützen muss", führt sie aus und fügt hinzu: „So sehr die britische Öffentlichkeit eine Verschlankung begrüßen würde, würden schnell Beschwerden erhoben, falls die Royals ihren Verpflichtungen nicht nachkämen." Camilla, die neue Queen Consort, steht im Mittelpunkt von Charles' Plänen. Weil sie erst mit Mitte 50 Mitglied der königlichen Familie wurde, bringt ihre einzigartige Perspektive des „wahren Lebens" entscheidende Impulse für die künftige Monarchie. „Sie ist wie kaum eine andere Person in der Lage, bestimmte Mitglieder der königlichen Familie von einem bestimmten Standpunkt zu überzeugen, den sie sonst vielleicht nicht sehen würden", so die Biografin Penny Junor gegenüber „The Telegraph".

Umweltfragen werden eine zentrale Rolle spielen, und es wird erwartet, dass Charles die Paläste renoviert, den Buckingham-Palast das ganze Jahr über für die Öffentlichkeit zugänglich macht und mittelfristig, wie viele Firmeninhaber sozusagen, in einer Wohnung über dem Geschäft lebt, nicht mehr in Clarence House. Das zum privaten Besitz der königlichen Familie gehörende Schloss Balmoral in den schottischen Highlands könnte in ein Museum für die verstorbene Königin umgewandelt werden.

Weltpolitisch ist Charles als britischer König Oberhaupt von 15 Staaten, den sogenannten Commonwealth Realms (zum gesamten Commonwealth of Nations, einem freiwilligen Bund, gehören 56 Länder). Vermutet wird, dass sich unter Charles viele dieser Staaten von der Krone abwenden und unabhängige Republiken werden möchten. Sie können aber trotzdem im Commonwealth bleiben.

**Für die große Aufgabe braucht er seine Familie mehr als jemals zuvor**

## MODERNISIERUNG BEI WINDSORS

Angesichts des hohen Alters, das Charles' Eltern erreicht haben, könnte er gut und gern noch 20 Jahre amtieren. Doch nicht nur wegen des bereits erwähnten Personalmangels wird er William von Anfang an stärker einbinden, als er selbst seinerzeit gefordert war: Die beiden haben schon oft eng zusammengearbeitet und teilen eine gemeinsame Vision für die Umwelt. Als William im Oktober 2020 seinen Earthshot-Preis ins Leben rief, postete Charles ein Foto auf Instagram, auf dem sie sich umarmen, und schrieb dazu: „Ich bin sehr stolz auf meinen Sohn William und sein wachsendes Engagement für die Umwelt und die kühnen Ambitionen des Earthshot-Preises."

Neben harter Arbeit und Loyalität haben William und dessen Ehefrau Catherine Charles etwas noch Wertvolleres zu bieten – ihre Popularität. Eine YouGov-Umfrage im Jahr 2020 ergab, dass 68 Prozent der Briten der Meinung sind, dass William und Catherine im nächsten Jahrzehnt den größten Einfluss in der königlichen Familie haben werden. „Er wird William in seine Entscheidungen miteinbeziehen wollen", prophezeit die CNN-Mitarbeiterin Victoria Arbiter, „weil er weiß, dass die Popularität auf Williams Seite liegt. Indem er das Amt mehr zu einem Doppelakt macht, bringt er mehr Leute auf seine Seite." *

*Oben links: Stolz posiert Charles im September 1971 in der Uniform eines Zweiten Leutnants zur See. Oben rechts: Bitte gucken Sie zweimal hin, ja, es ist Prince Charles, ungewohnt mit einem Vollbart, wie ihn heute sein Sohn Prince Harry trägt. Im Mai 1976 ritt er so im traditionellen Tweed über die Felder von Badminton. Unten: Mit Humor meistert Charles bis heute auch leicht absurde Situationen. In offiziellen Büsten findet man davon leider keine Spur.*

# DIE KÖNIGIN DER HERZEN

Die britische Journalistin Catherine Mayer zeigt in ihrer Biografie König Charles in einem neuen Licht: als eine komplexe Persönlichkeit mit vielen Passionen, getrieben von seiner Vergangenheit und der ganz klaren Philosophie, aktiv zu agieren. Hier ein spannender Auszug aus ihrem Buch über die Ehe mit seiner ersten Frau – mit Lady Diana

Sie sind beide Naturtalente; sie verfügen über Rhythmusgefühl, eine gute Körperhaltung und eine präzise Beinarbeit. Er beherrschte die Schritte bereits in jungen Jahren – jeder in seiner Familie lernt Gesellschaftstänze und Highland Reels. Das Tanzparkett gehört zu den wenigen Sphären, wo er sich ganz frei entfalten kann. Seine Frau nahm früher Ballettunterricht und hegte vorübergehend den Ehrgeiz, professionelle Tänzerin zu werden. Sie ist größer als ihr Mann, sogar in Strümpfen, aber es fällt nicht sehr auf. Früher war sie ein bisschen pummelig, hatte runde Wangen und ein üppiges Dekolleté, doch inzwischen ist sie so rank und schlank wie er. Ihr asymmetrisch geschnittenes, türkisfarbenes Abendkleid entblößt eine knochige Schulter und ein hervorstehendes Schlüsselbein. Als die Kapelle Stevie Wonders wundervolle Liebeshymne „Isn't She Lovely?" anstimmt, beginnt das Paar sich zur Musik zu drehen. Die anderen Gäste im „Southern Cross Hotel" in Melbourne bleiben sitzen, sehen sich die Darbietung an und klatschen bei kleinen Einlagen, wenn der Mann seine Partnerin wie eine Ballerina über die Tanzfläche wirbelt. Es ist eine perfekte Vorstellung, doch zugleich wirkt sie seltsam und angestrengt. Das Paar kämpft sich durch den Raum, zwei elegante Erscheinungen, die zusammen sonderbar ungraziös wirken. Es fehlt die Chemie. Charles und Diana mögen vielleicht im Gleichschritt tanzen, aber ohne Harmonie.

**Damals war noch Feuer in ihrer Ehe, und der Prinz strahlte**

Zwei Jahre zuvor tanzten sie das erste Mal für die Kameras, ebenfalls in Australien. Damals war noch Feuer in ihrer Ehe, und der Prinz strahlte, während er Diana durch die Drehungen führte. Auf ihrer Reise von 1985 ist die Fröhlichkeit aufgesetzt, und das Publikum lässt sich gerne täuschen. Die Ehe hat bereits ihr dynastisches Ziel erreicht und mit William und Harry einen Thronfolger sowie einen Ersatzthronfolger hervorgebracht. Der Prinz und seine Frau sind vernarrt in ihre Söhne, können einander aber kaum noch ertragen. Die meiste Zeit gehen sie getrennte Wege. Binnen eines Jahres werden beide Ehebruch begehen. Diana glaubt, dass Charles dies bereits seit Beginn ihrer Ehe getan hat. Dieses Detail und andere Behauptungen und Gegenbehauptungen werden zigmal durchgekaut werden: in Zeitungsartikeln, Büchern – Sachbüchern, Belletristik und Genres, die irgendwo dazwischen liegen – sowie in Dokumentarsendungen, Filmen, Kunstprojekten und nicht zuletzt in diversen gerichtlichen Untersuchungen. Das Internet wird eine Plattform für alles Mögliche bieten, von pathetischen Gedenk-Websites bis hin zu den absurdesten Verschwörungstheorien. Mit der Zeit lässt das Interesse nach, flackert jedoch immer wieder auf.

Es erscheint ungewöhnlich, dass eine Beziehung, die 1996 durch ein vorläufiges Scheidungsurteil und im Jahr darauf durch den Tod endgültig beendet wurde, so vielen Menschen immer noch wichtig ist. Der Grund dafür ist, dass die Auflösung eines Bundes, der als Symbol und Garant für die Tradition gedacht war, zur treibenden Kraft des Wandels wurde. Die Hochzeit hatte mehr als eine kleine Erholungspause von der trostlosen Realität der Rezession und einer zu harten Reformen entschlossenen Regierung geboten: 28,4 Millionen Briten und ganze 750 Millionen Zuschauer weltweit saßen gebannt auf ihren Sesseln, um an einem „Märchen" teilzuhaben, wie es Robert Runcie, der Erzbischof von Canterbury, mit ungewolltem Scharfblick in seiner Hochzeitspredigt formulierte. Es war ein bedeutendes Ereignis, nicht nur für die beiden Hauptpersonen und die etablierten Institutionen, die sie repräsentierten, sondern auch für eine globale Fangemeinde, die in ihrer Geschichte ein verbindendes Ideal fand. Das Scheitern dieses Ideals hat noch immer spürbare Nachwirkungen … (…)

Lady Diana Spencer hatte den Antrag des Thronfolgers in dem Glauben angenommen, dass sie in ihn und er in sie verliebt war, auch wenn er in aller Öffentlichkeit darüber sinnierte, was „verliebt sein" bedeuten mochte. Sie konnte die Mechanismen nicht durchschauen, warum die Wahl ausgerechnet auf sie gefallen war, und auch nicht vorhersehen, was für ein Leben sie erwartete. Und doch ahnte sie bereits fünf Monate nach ihrer Verlobung etwas von der Liaison ihres Verlobten. Während eines gemeinsamen Fernsehinterviews, das am Vorabend ihrer Hochzeit ausgestrahlt wurde, beteuerte sie, Charles sei ein „Fels in der Brandung" gewesen, als sie lernte, mit dem ungewohnten Druck durch die mediale Aufmerksamkeit umzugehen. „Zu gütig!", warf er ein, weil er ein solch unverdientes Lob instinktiv ablehnte. „Das musste ich doch sagen, du sitzt ja neben mir", gab sie zurück und lächelte, obwohl das vielleicht nicht als Witz gemeint war. Ihre Antworten verrieten auch, dass sie keinerlei Vorstellung von ihrer Zukunft hatte. Sie hatte sich jede Sekunde des dreiminütigen Gangs zum Altar der St Paul's Cathedral genauestens ausgemalt, aber keinen einzigen Moment ihres Lebens danach. „Lady Diana, wie sehen Sie Ihre künftige Rolle als Princess of Wales?", fragte einer der Interviewer. „Nun, ich freue mich sehr, nach Wales zu reisen und alle kennenzulernen", antwortete sie

*Das attraktive, junge Ehepaar begeistert die anwesenden Spender, als es 1985 bei einem Wohltätigkeitsdinner in Melbourne zu „Isn't She Lovely" tanzt.*

*Charles und Diana feiern ihre Verlobung im Februar 1981 – die Fotos macht der berühmte königliche Hoffotograf Lord Snowdon, der auch Königin Elizabeth II. bei offiziellen Reisen begleitete.*

stammelnd. „Aber mein Leben wird eine große Herausforderung sein." (...)

Vor der Verlobung, die gerade mal fünf Monate dauerte, machte er Diana nur kurz den Hof. Er verstand sie überhaupt nicht und wusste nichts von dem Gepäck, das sie mit in die Ehe brachte, durch eine Kindheit, die auf ihre Weise ebenso schwierig gewesen war wie seine. Je mehr er spürte, dass sie nicht das fröhliche Mädchen vom Land war, das er sich vorgestellt hatte, je mehr sie ihre schwachen Seiten zeigte und von Essstörungen gequält wurde, an denen sie fast bis an ihr Lebensende litt, desto weniger gefiel ihm der Gedanke, sie zu heiraten. Seine Verwandten und die meisten Freunde ermutigten ihn, Nägel mit Köpfen zu machen, aber es gab auch andere Stimmen, darunter Nicholas Soames. Am Vorabend der Hochzeit war der Prinz, so ein Mitglied des engsten Kreises, „verzweifelt. ‚Ich kann das nicht durchziehen ... ich kann nicht.' Ich habe ihm später immer gesagt, wenn es eine katholische Ehe gewesen wäre, hätte man sie annullieren können. Weil sie nicht wirklich [vollzogen] war, weil das mit der Bulimie und all das schon vor der Hochzeit anfing."

Also gaben sich Charles und Diana das Jawort, bekamen ihre Söhne und versuchten, eine gute Ehe zu führen – aber sie waren viel besser darin, ihre Ehe zu zerstören. Nicht nur wegen dieser Zeit, aber meistens im Hinblick auf Diana wird der Prinz oft fälschlicherweise für gefühllos gehalten. Ein Mann, der noch nicht wusste, was Liebe bedeutet, hätte vielleicht tiefere Gefühle für eine schwache Partnerin entwickelt. Schuldgefühle bringen oft die schlechten und nicht die guten Seiten eines Menschen zum Vorschein. In seiner Jugend hatte man ihm beigebracht, seine Gefühle dadurch zu bewältigen, dass er sie verbarg, und ihn kritisiert, wenn ihm das nicht gelang. Jetzt verhielt er sich seiner Frau gegenüber manchmal ähnlich, wie ein geschlagenes Kind, das als Erwachsener selbst zum Schläger wird.

**Wenn sie es darauf anlegte, konnte sie so ziemlich jeden um ihren Finger wickeln, Männer wie Frauen**

Die Frage, ob er sie je geliebt hat, ist problematisch, wie alles in ihrer Beziehung. Zu Beginn ihrer Ehe stellte er sich vor, dass er sie lieben könnte. Er liebte die Vorstellung, einen Hausstand zu gründen und Kinder zu bekommen. Er hat seine Jungen immer geliebt. Aber was den Umgang mit seiner Frau betraf, geriet er ins Straucheln. In seinem Bemühen, auf ihre offensichtlichen Probleme einzugehen, erbat er von den falschen Leuten die Unterstützung, die er ihr nicht geben konnte. Aber auch noch so gute Ratschläge hätten die beiden nicht miteinander versöhnt. Ihr kurzes gutes Einvernehmen basierte auf dem Gefühl, dass sie ein gemeinsames Projekt gemeistert hatten: Sie schwelgten in dem Bewusstsein, die Queen und das Land zufriedengestellt zu haben. Doch die Kräfte, die sie auseinandertrieben, waren stärker. Es war nicht nur das Aufeinanderprallen zweier Menschen, die nicht zusammenpassten, die Schöne und das Biest, und auch nicht die Rivalität zwischen ihren Höflingen und Anhängern, obwohl es all das auch wurde. Es lag nicht nur an Dianas Erkenntnis, dass sie den Palast nicht mehr brauchte, um ein Star zu sein. Es lag nicht nur an fehlenden Gemeinsamkeiten. Camilla teilt nur einige von Charles' Interessen. In vielerlei Hinsicht – in ihrer Emotionalität, ihren glühenden Leidenschaften, ihrem Wunsch, Eindruck zu hinterlassen – ähnelten sich Charles und Diana mehr. Beide hungerten in ihrer Jugend nach Zuneigung. Bei beiden äußerte sich diese Bedürftigkeit zuweilen in Akten großer Güte, dann wieder in übertriebener Selbstbezogenheit. Die größte Kluft war allerdings der Altersunterschied. (...) Wenn die Prinzessin vor dem Altar einen Rückzieher gemacht hätte oder wenn die bohrenden Zweifel am Vorabend der Hochzeit ihren Bräutigam dazu gebracht hätten, die Verlobung zu lösen, hätte das für die Monarchie zweifellos unmittelbare Folgen gehabt. Doch später war es die Auflösung der unüberlegten Verbindung zweier zu unterschiedlicher Menschen, die die größte Bedrohung für die Monarchie seit Edwards Abdankung darstellte. Im Jahr 1992, dem annus horribilis, ließ sich auch Prinzessin Anne von ihrem ersten Ehemann Captain Mark Phillips scheiden, und Prinz Andrew trennte sich von der quirligen Sarah. Die gescheiterten Ehen der Geschwister entsprachen zwar dem demografischen Trend im Vereinigten Königreich, wo die Scheidungsraten nach oben schnellten, doch sie untergruben eine der wichtigsten Symbolfunktionen der Monarchie: ihren Untertanen eine glückliche, strahlende Idealvorstellung von sich selbst zu präsentieren.

Diana verstand die Mechanismen dieses Geschäfts, und sie wusste auch, welche Folgen es haben würde, die Illusion zu zerstören. Man kann vieles über sie sagen, aber sie war nicht dumm, obwohl sie sich einmal selbst als „dumm wie Bohnenstroh" bezeichnete. Sie besaß die Fähigkeit, Menschen zu durchschauen, auch ihren Mann, und zwar besser als er sie. Wenn sie es darauf anlegte, konnte sie so ziemlich jeden um den Finger wickeln, Männer wie Frauen. Charles erlag ihr nie voll und ganz. Das war eine ihrer wenigen Niederlagen, die einen Kampf um die Sympathie der Öffentlichkeit zur Folge hatte. Noch heute gibt es eine weltweite Fangemeinde, die Diana wacker verteidigt, und die globalen Medien schlagen sich weiterhin immer wieder auf ihre Seite, auch wenn sich viele ihrer heutigen Fans kaum noch an sie erinnern können.

Im letzten Jahrzehnt des zwanzigsten Jahrhunderts polarisierte der Konflikt zwischen Charles und Diana die britische Presse und ergoss sich auf Fernsehbildschirme und in Bücherregale. (...) Der Ehekrieg zwischen Charles und Diana verwischte die Definition dessen, welcher Journalismus im öffentlichen Interesse liegt. Zu hören, wie die Prinzessin sich mit einer Figur aus einer Seifenoper vergleicht, die durch eine außereheliche Affäre schwanger wird, übt zweifellos eine anrüchige Faszination aus. Ebenso die Art, wie der Prinz seine beiden Markenzeichen – Humor und Selbstmitleid – in ein unglückseliges, unvergessliches Bild kleidet, in dem er sich wünscht, ein Tampon zu sein, um intim mit seiner Geliebten verkehren zu können. „Was für ein Glück, in die Toilette geworfen zu werden und dann immer oben herumzuwirbeln, ohne unterzugehen", sagte er. Das war sicherlich etwas, das die Öffentlichkeit interessierte, aber es war nicht unbedingt von öffentlichem Interesse. (...)

Als die Ehe zerbrach, begannen Palastmitarbeiter und der Prinz selbst zu erkennen, welche Gefahren von einer entfesselten Diana ausgehen konnten, für die Monarchie, aber besonders für die Marke Charles und das Wohltätigkeitsimperium, das er so mühsam aufgebaut hatte. Diana beherrschte das traditionelle königliche Instrumentarium – eine Symbolsprache ohne Worte – besser, als es ihrem Mann jemals gelingen würde, und in einer Dimension, die die ansonsten fehlerlose Queen nie erreicht hat. Die Prinzessin strahlte Empathie aus, oder es wirkte zumindest so, und das Gefühl, dass sie selbst Opfer war, verstärkte diese Aura noch. Der Prinz hingegen, obwohl er auch schwere Zeiten durchgemacht hat, ist in der Opferrolle am wenigsten attraktiv, und er ist auch nicht der Typ Mensch, der sonderlich fotogen wirkt, wenn er an einem Krankenbett sitzt oder eine Hand streichelt. Die Prinzessin ging aus jeder Kraftprobe als Siegerin hervor. Als Charles Mutter Teresa zum Geburtstag Blumen schickte, flog Diana nach Rom, um der Ordensfrau persönlich zu gratulieren. Auf Gerüchte über ihre Labilität reagierte Diana mit Trotz. „Meine Damen und

Herren, Sie dürfen sich glücklich schätzen, Ihre Schirmherrin heute hier zu sehen", sagte sie auf einer Benefizveranstaltung für die Wohltätigkeitsorganisation Wellbeing of Women. „Ich sollte eigentlich den größten Teil des Tages mit dem Kopf über der Toilettenschüssel hängen. Ich sollte von Männern in weißen Kitteln abgeführt werden, sobald ich hier fertig bin. Wenn es für Sie in Ordnung ist, würde ich meinen Nervenzusammenbruch gerne auf einen passenderen Zeitpunkt verschieben." (...)

Charles ging aus der Ehe mit einem ramponierten Ruf hervor, seine Freundin wurde verunglimpft, die Beziehung zu seinen Söhnen war belastet, sein Anspruch auf den Thron deutlich geschwächt. Diana trat als globale Ikone auf ihrem strahlenden Höhepunkt in Erscheinung. Wer nicht wusste, wie problematisch ihr Leben in Wirklichkeit war – die ständige Verfolgung durch die Presse, der Kummer wegen der häufigen Trennungen von ihren Söhnen, die Schwierigkeit, einen neuen Partner zu finden, und ihre ungelösten persönlichen Probleme –, sah sie einer glänzenden Zukunft entgegengehen. Sie durfte im Kensington Palace wohnen und erhielt eine Abfindung von angeblich 17 Millionen Pfund.

**Diana trat als globale Ikone in Erscheinung**

Durch die Scheidung bekam man einen aufschlussreichen Einblick in die Finanzen des Thronfolgers. Geoffrey Bignell, ein Finanzberater des Prinzen, behauptete, wegen Dianas Abfindung habe er alles liquidieren müssen, „all seine Anlagen ... Darüber war er sehr unglücklich ... Sie hat ihn ausgenommen wie eine Weihnachtsgans." Palastkenner bestreiten, dass der Prinz nach der Zahlung pleite war. Außerdem wäre er selbst dann nicht verarmt gewesen, da seine Mutter über ein beträchtliches Vermögen verfügt und ihm auch noch die Erträge aus dem Herzogtum Cornwall bleiben.

Die Öffentlichkeit tendierte damals zu der Ansicht, dass Diana jeden Penny verdiente, und wahrscheinlich ist das auch heute noch so. Wenn Charles mit der Trennung die Hoffnung auf einen Neuanfang verband – und ein Ende des Krieges zwischen ihm und Diana –, wurde er schnell enttäuscht. In Leitartikeln griff man ihn und seine Mutter für ihre angeblich kleinliche Entscheidung an, Diana den Titel Ihre Königliche Hoheit wegzunehmen, obwohl der Vorschlag von Diana selbst stammte. Als einfache Prinzessin reduzierte die frisch geschiedene Diana sofort die Zahl ihrer Schirmherrschaften von über hundert auf sechs und suchte sich eine neue Herzensangelegenheit: Sie verschrieb sich im Namen des Roten Kreuzes dem Kampf für ein weltweites Verbot von Landminen. Damit übertrat sie die Demarkationslinie, die der Prinz gezogen hatte. Auf einmal stellte sie sich als Aktivistin neu auf, und sie war darin mindestens so erfolgreich wie ihr Ex-Mann, wenn nicht sogar erfolgreicher.

Auf ihrer Angolareise im Januar 1997 war sie mit einer Form von Kritik konfrontiert, die bis dahin für Charles reserviert gewesen war. Earl Howe, Staatssekretär im Verteidigungsministerium, beschrieb ihre Reisen als „weder hilfreich noch realistisch". „Wir brauchen keine tickende Zeitbombe wie sie", sagte er.

Eine orientierungslose Reportermeute, die an die minutiös vorbereiteten und geplanten Reisen der Windsors gewöhnt war, folgte der Prinzessin in das desolate Huambo, eine von Konflikten zerrissene Stadt, und dann in das noch gefährlichere Cuito Cuanavale in einem Gebiet, das während des Bürgerkriegs sechs Monate lang schwer umkämpft worden war. Hier lief Diana mit gepanzerter Schutzweste und Visier – was sehr fotogen aussah, aber wenig Schutz gegen eine explodierende Tretmine bot – zweimal durch ein Minenfeld. Nach dem Ende der Kampfhandlungen hatten sich beide Parteien zum Sieger erklärt. Im Krieg zwischen Charles und Diana aber schien sie die Oberhand gewonnen zu haben.

Im Dezember desselben Jahres verabschiedete die Generalversammlung der Vereinten Nationen die Ottawa-Konvention, die den Einsatz, die Produktion, die Lagerung und die Weitergabe von Anti-Personen-Minen verbietet. Diana erlebte diesen Triumph nicht mehr, an dem sie beteiligt gewesen war. Ihr Tod bei einem Autounfall in Paris und die verhaltene Reaktion der Queen verschärften die Thronkrise. Verschwörungstheoretiker machten die Produzenten von Landminen oder die Windsors dafür verantwortlich – oder eine unheilige Allianz von beiden. Andere hielten Geheimkulte oder Rieseneidechsen für die Schuldigen. Der Prinz, dem nicht nur sein Seelenschmerz, sondern auch sein Scheitern als Ehemann zusetzte, machte sich Selbstvorwürfe. Er widmete sich ganz seinen Söhnen, versuchte ihren Kummer über den Verlust der Mutter zu lindern und ignorierte seine eigene Trauer.

Dass der Unfall ihn von dem täglichen Wettbewerb und den unaufhörlichen Konflikten befreite und das offensichtlichste Hindernis für seine Heirat mit Camilla aus dem Weg räumte, vergrößerte noch sein Unbehagen. Auf Vorwürfe, dass er von Dianas Tod profitiere, reagierte er empfindlich, vielleicht weil er sie zu einem gewissen Grad für berechtigt hielt. Nach der erschütternden Trauer bei ihrer Beerdigung und den schwierigen Jahren danach, den Skandalen und gerichtlichen Untersuchungen, ist der Prinz laut Nicholas Soames „auf einem sonnenbeschienenen Plateau [angekommen] ... Er ist jetzt ein glücklicher Mann, Prinz Charles. Sein Leben hat einen Rhythmus. Er ist zufrieden."

Hätte der Prinz auch sein Gleichgewicht gewonnen, wenn Diana noch leben würde? Diese Frage lässt sich nicht beantworten, aber es gibt einen Faktor, der sicherlich für einen anderen Ausgang spricht. Die Medien gehen mit älteren Frauen meist nicht sehr pfleglich um und hätten die Prinzessin, sobald sie ihre boulevardtauglichen Jahre hinter sich gehabt hätte, wahrscheinlich unter Beschuss genommen. Stattdessen bleibt Diana allgegenwärtig, eine Bedrohung, die zu diffus ist, um allzu leicht dagegen anzukämpfen. Sie steht für die Grenzen einer alten, verkrusteten Institution, die es offenbar nicht schaffte, in der Moderne anzukommen, und wurde so zur atypischen Verfechterin der Republik. Sie ist zu einem Symbol der Frauenpower mutiert, die fügsame, kindliche Braut, die sich in eine breitschultrige Amazone verwandelt hat, für immer und ewig durch Minenfelder streifend. In einer anderen Inkarnation verschmilzt sie mit Mutter Teresa, die fünf Tage nach der Prinzessin am 5. September 1997 starb und 2003 seliggesprochen wurde. Der Umgang mit seiner Ex-Frau wäre für den Prinzen nie einfach gewesen; gegen einen makellosen Geist kommt man nicht an. Diese Diana wird niemals verblassen, niemals einen lautlosen Abgang machen. *

Catherine Mayer: „Charles III. – Mit dem Herzen eines Königs: Die Biografie". 576 Seiten, Heyne Taschenbuch

*Perfekte Inszenierung: Prince Charles und Princess Diana mit ihren Söhnen William und Harry im Jahr 1991.*

*Wenn der Vater mit den Söhnen … in den Highlands ist, trägt er natürlich Schottenrock: 1993 posiert das Trio vor der Lodge Glas-allt-Shiel, die zu Schloss Balmoral gehört. Auf der Rückseite befindet sich eine Schutzhütte, die allen Wanderern offensteht.*

EIN LIEBEVOLLER VATER

# CHARLES, WILLIAM & HARRY

**Der Tod von Diana macht Charles zum alleinerziehenden Vater. Trotz seines privilegierten Lebens ist er schnell mit Herausforderungen konfrontiert, die jede Person in dieser Lage nur zu gut kennt**

*Journalisten im heimischen Garten: Prince William lernt früh, wie ein offizieller Pressetermin abläuft. Sein Vater Charles bemüht sich, ihm den Rücken zu stärken, damit die Wand aus Mikrofonen und Kameras den Kleinen nicht zu sehr einschüchtert. Aber der scheint mutig genug, gleich den puscheligen Windschutz zu streicheln. Damals, im Juni 1984, wohnt die Familie im Londoner Kensington-Palast. Im September wird Prince Harry zur Welt kommen.*

Als die schwarze Limousine mit der Prinzessin von Wales und ihrem Freund Dodi Al-Fayed am 31. August 1997 in Paris gegen einen Tunnelpfeiler kracht, sind ihre kleinen Söhne, Prince William und Prince Harry, weit weg bei ihrem Vater auf Schloss Balmoral. Prince Charles muss seinen Jungen am nächsten Vormittag die Nachricht von Dianas Tod überbringen. Dieser Tag verändert ihr Leben für immer und beendet auf dramatische Weise ihre Kindheit. Ihre Trauer wird auf Jahre hinaus in einem intensiven grellen Licht, wie es die königliche Familie nie zuvor erlebt hat, an die Öffentlichkeit gezerrt und unter die Lupe genommen.

## EINE NEUE ART VATER

Bis dahin hat sich Diana bemüht, den beiden Prinzen ein so weit es geht normales Leben zu ermöglichen und sie auf offizielle Reisen mitzunehmen, um Trennungen zu vermeiden. Ihr Vater Charles ist als Thronfolger pausenlos gefordert und konzentriert sich auf seine Arbeit und die Vorbereitung auf seine Rolle als König, die ihm eines Tages zufallen wird. Das heißt nicht, dass er kein liebevoller Vater ist, aber er nimmt seine Pflichten überaus ernst. Und weil sich Diana liebend gern voll und ganz in das Leben ihrer Söhne einbringt, wird Charles von der Öffentlichkeit in gewisser Weise als eine Figur angesehen, die im Familienleben nur am Rande existiert.

Jetzt, mit Dianas Tod, muss sich Charles' Rolle im Leben der beiden Prinzen über Nacht ändern. Angesichts des überbordenden Interesses der Medien tut er sein Bestes, um die Erwartungen der Nation mit seiner eigenen Trauer und der Notwendigkeit, William und Harry zur Seite zu stehen, in Einklang zu bringen. Einige Entscheidungen erregen den Zorn der Öffentlichkeit, vor allem als er die Brüder, damals 15 und 12 Jahre alt, vorneweg im Trauerzug gehen lässt. Aber trotz aller Kritik ist Charles entschlossen, seine Söhne nicht im Stich zu lassen.

**Charles möchte es besser machen als sein eigener Vater Philip**

## LERNEN AUS DER VERGANGENHEIT

Natürlich verwandelt er sich nicht plötzlich in einen ständig präsenten Vollzeit-Vater. Nach kurzer Unterbrechung besuchen die Jungen wieder das Internat, und Charles nimmt seine Pflichten wieder auf. Doch selbstverständlich weiß er, dass er nun allein verantwortlich ist – und dass er von den beiden Eltern, die die Prinzen gehabt hatten, immer der distanziertere Part gewesen war.

Das liegt nicht unbedingt an seinem Charakter, sondern an seiner eigenen Erziehung. Er kannte es nicht anders. Prince Philip und Charles hatten bekanntlich ein angespanntes Verhältnis. Philip hatte durchgesetzt, dass der Thronfolger auf die Schulen geschickt wurde, die er selbst einst besucht hatte. Obwohl der schüchterne Charles für die strengen Regeln der Institutionen, an denen er auf Jahre hinaus lernen und studieren sollte, denkbar ungeeignet war. Wo Philip als sportlicher und selbstbewusster Jugendlicher bestens zurechtkam, wurde Charles, alles andere als das, aufgrund seiner vermeintlichen Unzulänglichkeiten gnadenlos gemobbt.

Prince Philip, der seinen eigenen Vater kaum gekannt hatte, sprach offen über die Unterschiede zwischen ihm und seinem ältesten Sohn und räumte ein, dass ihrer beider Weltanschauungen weit auseinanderlagen. Niemand weiß das besser als Charles selbst. Zu seinem eigenen Schutz legt er sich während seiner Schulzeit einen Panzer zu, der sich selbst dann noch schwer knacken lässt, als Charles längst ein erwachsener Mann ist.

Der Tod von Diana weckt ihn ihm jedoch den Wunsch, es besser zu machen als bisher und besser als sein eigener Vater. Fortan ist Charles der vielleicht bekannteste alleinerziehende Vater der Welt – und entschlossen, seinen Söhnen die Zeit und den Raum zu verschaffen, um abseits des Medienrummels zu trauern. Wenn Charles jetzt ins Ausland reisen muss, nimmt er die Jungen oft mit und vertieft damit ihre Beziehung, die er bereits seit der

*Oben: Im April 1987 erkunden Vater und Söhne das Ufer des Dee bei Schloss Balmoral leger in Gummistiefeln. Für die Kleinen in Froschgrün mit Augen. Unten: Der schlimmste Tag im Leben von William und Harry war zweifellos der 6. September 1997, Dianas Beerdigung. Noch unter Schock folgen sie dem Trauerzug und stehen dann mit Charles und engen Verwandten vor der Westminster Abbey, wo der Gottesdienst für die Princess of Wales abgehalten wird.*

Scheidung von Diana zu verbessern versucht. In den nächsten Jahren wird zu einer vertrauten Figur bei den Schulaufführungen seiner Söhne, so wie es ihre Mutter gewesen war, und schickt ihnen nach jeder Aufführung Dankesbriefe. Damit unterscheidet sich seine Vaterrolle fundamental von der Philips: Der hatte zwar die Aufführung von Shakespeares „Macbeth" mit Prince Charles in der Titelrolle besucht, ihn aber schwer gedemütigt, indem er sich durch die Szenen kicherte und Charles' Leistung aus dem Publikum heraus verspottete.

## MUTTER-ERSATZ GESUCHT

Gemeinsam mit der Queen tut Charles alles, um die Privatsphäre der heranwachsenden Jungen zu bewahren und ihnen zu helfen. Ihnen zuliebe ändert der pflichtbewusste Charles sogar seinen Lebensstil und springt über den ein oder anderen Schatten. Er stellt die Regel auf, dass er immer zu Hause sein wird, wenn Prince William da ist, unabhängig davon, welcher Anlass ihn abberufen wollte. Und weil er sich bewusst ist, dass seine Gesellschaft allein kein ausreichender Balsam für die trauernden Prinzen sein kann, bindet er seine frühere persönliche Assistentin, Tiggy Legge-Bourke, wieder in den inneren Kreis der Familie ein. William und Harry hatten sehr an ihrem früheren Kindermädchen gehangen, jetzt soll sie weibliche Herzenswärme einbringen.

Charles hatte Legge-Bourke nach der Trennung von Diana engagiert, doch während des berüchtigten Krieges der Eheleute (engl. „War of the Waleses") war sie ins Abseits geraten: Diana verdächtigte sie, eine Affäre mit Charles zu haben, ein skrupelloser Reporter hatte der Prinzessin sogar gefälschte Belege für eine Abtreibung vorgelegt. Diana bestand darauf, dass Legge-Bourke so wenig Zeit wie möglich mit William und Harry verbringt.

Natürlich weiß Charles, wie seine Ex-Frau über Tiggy Legge-Bourke gedacht hat, und bemüht sich nun gleichzeitig, Dianas Familie im Leben seiner Söhne gleichermaßen präsent sein zu lassen. Er ermutigt Dianas Schwestern, Baroness Jane Fellowes und Lady Sarah McCorquodale, aktiv am Leben ihrer Neffen teilzunehmen und so die Erinnerung an die verstorbene Prinzessin wachzuhalten. Die einzige Person, die Charles lange Zeit nicht in das Leben mit seinen Söhnen einbezieht, ist Camilla Parker Bowles – womit er eine Sensibilität beweist, die ihm oft abgesprochen wird.

## TRAUER UND REBELLION

So vergehen die Jahre, die Prinzen wachsen heran, doch eine Hoffnung erfüllt sich nicht: Die Faszination der Öffentlichkeit und der Boulevardpresse für ihre verstorbene Mutter lässt nie nach. Insbesondere der jüngere Harry durchlebt einen schwierigen Trauerprozess. Als Gerüchte über seinen exzessiven Alkoholkonsum und Experimente mit Cannabis in der Presse auftauchten, handelt Prince Charles schnell und entschlossen und keineswegs als die distanzierte und desinteressierte Vaterfigur, als die er oft dargestellt wird: Statt die Gerüchte zu dementieren, nimmt Charles, der sich als Schirmherr zahlreicher Drogenhilfsorganisationen engagiert, die Nachricht gelassen auf. Er stellt seinen jüngeren Sohn nicht zur Rede, sondern erkennt stattdessen an, dass Harry unter Druck steht, dass solche Experimente heutzutage zum Erwachsenwerden dazugehören, und vor allem, dass man in so einem Fall mit Bestrafung nicht viel erreicht. Stattdessen arrangiert Charles für ihn einen Tag in einer Londoner Rehabilitationsklinik, wo Harry mit genesenden Süchtigen zusammentrifft und aus erster Hand erfährt, welchen Schaden auch scheinbar harmlose Drogen anrichten können.

Dieser Ansatz, typisch für Charles' durchdachten Erziehungsstil, funktioniert. Harry reagiert schockiert auf das, was er während seines Besuches in der Klinik sieht und hört, schreckt vor weiteren Experimenten zurück und distanziert sich von gewissen Freunden. Die Geschichten in der Presse verstummen. Sicherheitshalber informiert Charles den Rektor des Eton College, wo Harry studiert, und bittet ihn, ein wachsames Auge auf den Prinzen zu haben. Aber das erweist sich als unnötige Vorsichtsmaßnahme, der kurze, heftige Schock hat gewirkt.

Doch die Ruhe ist nicht von Dauer: Der Palast sieht sich mit einem öffentlichen Aufschrei konfrontiert, als die Zeitung „The Sun" Fotos einer Kostümparty veröffentlicht, auf der Harry in Nazi-Uniform mitsamt Hakenkreuz-Armbinde feiert. Das Clarence House entschuldigt sich im Namen des jungen Mannes, aber die Öffentlichkeit ist nicht bereit, die Sache schnell abzuhaken. Weltweit wird in den Medien die Frage aufgeworfen, wie viel Einfluss Charles auf seine Söhne hat, wie es um ihre Disziplin steht und ob sie sich überhaupt für spätere royale Aufgaben eignen. Hinter den Kulissen versucht Charles zwar, sowohl die Presse als auch die Exzesse seines Sohnes zu zügeln, doch als weitere Berichte über rassistische Äußerungen und Strip-Poker in einem Hotel in Las Vegas auftauchen, wirkt er machtlos.

Allerdings wäre es unfair, Charles für das Verhalten seines Sohnes verantwortlich zu machen, der später gestehen wird, dass er in seiner Jugend immer ein böser Junge sein wollte. Tatsächlich versucht Charles meistens, die direkte Konfrontation zu vermeiden, und zieht ein Gespräch vor, denn er weiß, dass seine Söhne trotz ihrer Privilegien unter schwierigen Bedingungen aufwachsen. Die Königin hat sich zwar nach Dianas Tod bemüht, die Jungen aus dem Rampenlicht herauszuhalten, fordert aber jetzt, wo sie älter werden, mehr Disziplin von ihnen. Charles agiert zwischen den Familienmitgliedern als Friedensstifter.

**Je älter seine Söhne sind, desto schwerer, sie zu schützen**

Doch auch er wird manchmal laut: Charles gibt zu, dass er heftige Worte mit William gewechselt hat, nachdem der junge Mann der Zoologin Dr. Jane Goodall gesagt hatte, er schäme sich für die Menge an Elfenbein, die sich in der Sammlung des Buckingham Palace befinde. Wenn es nach ihm ginge, so William, würde er alles vernichten. Obwohl Charles die Wilderei und den Elfenbeinhandel verabscheut, schweigt er nicht, sondern verteidigt aus Pflichtgefühl der Krone gegenüber diese Stücke – und macht William klar, dass sie als historische Objekte einen besonderen Wert haben. William sei schlecht informiert gewesen und seine Bemerkung naiv. Doch William, dem ein hitziges Temperament nachgesagt wird, das er gut zu verstecken weiß, wird immer mal wieder auf das Thema zurückkommen.

## NEUANFANG MIT HINDERNISSEN

Charles' Privatleben, insbesondere seine Beziehung zu Camilla Parker Bowles, liegt in den Jahren nach Dianas Tod bewusst auf Eis beziehungsweise wird sie möglichst aus der Öffentlichkeit herausgehalten. Seine Söhne haben in dieser Phase der großen Trauer und des Umbruchs erste Priorität. Mit der Zeit jedoch möchte Charles nach vorn schauen und zu einem gewissen Maß an Normalität zurückkehren. Also macht er den Jungen klar, dass Camilla auch in Zukunft ein wichtiger Teil seines Lebens sein wird. Angeblich weigern sich William und Harry anfangs, Camilla zu treffen, denn sie geben ihr die Mitschuld am Scheitern der Ehe ihrer Eltern. Offiziell bestätigt wird ihre Abneigung natürlich nie, und schließlich gelingt es der ebenso geduldigen wie beharrlichen Camilla, doch noch eine herzliche Beziehung zu ihren Stiefsöhnen aufzubauen.

Endlich sind William und Harry volljährig, ihre Lebenswege führen sie zu militärischen Karrieren und in eigene Beziehungen. Charles, inzwischen glücklich mit Camilla verheiratet, bleibt eine wachsame und führende Persönlichkeit im Hintergrund. Alles läuft endlich in ruhigen Bahnen. Doch als Prince William im April

*Oben links: Die Kleinfamilie im August 1997 auf den Ländereien von Schloss Balmoral. Dort, in der Sommerresidenz der Queen in Schottland, finden alle mehr Ruhe als in London. Oben rechts: Ein Schnappschuss aus dem Juli 2004: Charles, William und Harry treten bei einem Wohltätigkeitsmatch für ein Hospiz in einer Polo-Mannschaft an. Unten: Im März 2011 veröffentlicht das Verteidigungsministerium das Foto von Vater und Sohn vor einem Apache-Hubschrauber. Charles ist als Ehrenoberst eingeladen, vor Flugschülern zu sprechen, Prince Harry hat in seiner Ausbildung gerade Bergfest gefeiert.*

*An Charles' 70. Geburtstag scheint die Familienwelt noch in Ordnung. Doch im Untergrund schwelt schon etwas.*

*Es waren einmal drei Prinzen in Uniform. Heute, nur wenige Jahre später, scheint so eine entspannte Szene kaum noch vorstellbar.*

2011 Catherine Middleton heiratet und das Paar im Juli 2013 sein erstes Baby, Prince George, willkommen heißt, keimen neue Gerüchte auf: Angeblich habe sich Charles bitterlich beklagt, dass die frischgebackenen Eltern ihn viel zu wenig Zeit mit seinem Enkel verbringen lassen. Die britische Klatschpresse wittert einmal mehr einen Skandal und erinnert die Öffentlichkeit genüsslich daran, dass Charles und seine Söhne nie die gewünschte Vorzeige-Familie gewesen waren – nun, so behauptet sie, käme die Disharmonie wieder zum Vorschein.

Obwohl sich der Palast bemüht, die Berichte über Reibereien im Herzen der königlichen Familie als Hirngespinste abzutun, hören die Geschichten nicht auf, im Gegenteil: Es erscheinen Artikel, die belegen sollen, dass die Cambridges den Middletons näherstünden als dem Palast und dass William es vorziehe, mehr Zeit mit seinen Schwiegereltern zu verbringen als mit seinem eigenen Vater.

**Wem wird es eines Tages gelingen, bei allen die Wunden zu heilen?**

Es stimmt zwar, dass das Paar häufiger im Middleton-Haushalt zu Besuch ist als in Highgrove, aber das mag auch daran liegen, dass Kate – wie viele Frauen – nach ihrer Entbindung Unterstützung bei ihrer Mutter sucht. Denn William nimmt nach kurzer Pause seine Arbeit als Hubschrauberpilot beim Militär wieder auf, bevor er im September 2013 den Dienst quittiert.

Aber wer genau hinhört, weiß: William lobt Charles' Großvater-Qualitäten in den höchsten Tönen, und sowohl Charles als auch Camilla sprechen mehrmals öffentlich über ihre tiefe Liebe zu ihren Enkelkindern auf beiden Seiten der Familie. Von daher sollte man diese Art Gerüchte nicht ernst nehmen.

Die ambivalenteren Geschichten über Charles' Leben als alleinerziehender Vater drehen sich jedoch um Prince Harry. Der soll es seinem Vater übel genommen haben, dass er William bevorzugte, den direkten Thronfolger. Eines von Harrys Argumenten: Charles habe beschlossen, während der Schulferien von William immer zu Hause zu sein, während er Harry kein solches Versprechen gab. Zudem sehen royale Beobachter grundsätzliche charakterliche Unterschiede und betonen, dass Harry (wie auch William) vom Wesen her eher seiner fürsorglichen Mutter ähnelt als seinem weniger nahbaren Vater.

Trotz seiner eigenen Eskapaden bessert sich Harrys Beziehung zu Charles jedoch, als er im Mai 2018 die ehemalige Schauspielerin Meghan Markle heiratet. Zumindest vorübergehend, denn die neue Herzogin von Sussex fungiert zunächst als Friedensengel und hilft Vater und Sohn, ihre Differenzen zu überwinden. Und ganz bewusst nimmt Charles, als Meghans eigener Vater sie nicht zum Altar führen kann, stolz dessen Platz ein. Doch die Beziehungen zwischen dem Paar und dem Rest der Familie verschlechtern sich rapide, es folgen, sattsam bekannt, der Austritt der Sussexes aus dem Königshaus, ein brisantes Interview, das gesendet wird, als Prince Philip schwer erkrankt ist (und einen Monat später stirbt), dann eine Netflix-Dokumentation und ein Enthüllungsbuch. Zur Krönung von Charles III. reist Harry ohne Frau und Kinder aus Kalifornien an. Der Ausgang bleibt unsicher, auf allen Seiten scheinen alte wie neue Wunden offen zu liegen. So bleibt Charles' Vaterrolle schwierig, unabhängig davon, wie privilegiert die Familie ist. Charles war zudem gezwungen, seine Söhne im Rampenlicht großzuziehen – und hat seine Sache letztendlich nicht schlecht gemacht. *

DIE OFFIZIELLEN PORTRÄTS

# VOM PRINZEN ZUM KÖNIG

*Oben: Prince Charles am Tag vor seinem ersten Geburtstag mit seinem Lieblingsspielzeug. Rechts: Porträt des Thronfolgers anlässlich dessen fünften Geburtstags am 13. November 1953. Der älteste Sohn von Königin Elizabeth II. und Prince Philip, Herzog von Edinburgh wurde vom britischen Society-Fotografen Marcus Adams fotografiert.*

*Oben: H.R.H. Prince Charles, Prince of Wales, am 14. November 1966, seinem 18 . Geburtstag. Dieses Geburtstagsporträt wurde in der Bibliothek von Schloss Balmoral aufgenommen. Prince Charles trägt den Balmoral-Tartan. Rechts: Die Amtseinführung von Charles, Prince of Wales, fand am 1. Juli 1969 in Caernarfon Castle, Nordwest-Wales, statt. Bei der Zeremonie wurde dem 20-jährigen Charles offiziell der Titel Prince of Wales verliehen. Er war der 21. britische Thronfolger, der diesen Titel trug.*

*Oben: Prince Charles auf dem Gelände von Schloss Balmoral an seinem 30. Geburtstag, dem 14. November 1978. Rechts: Seine Königliche Hoheit Prince Charles in der Uniform eines Marschalls der Königlichen Luftwaffe. Fotografiert hat ihn 1995 der britische Fotograf Clive Arrowsmith.*

*Ein im Sommer 2021 aufgenommenes Foto, das vom Clarence House am 13. November 2021 anlässlich seines 73. Geburtstags veröffentlicht wurde, zeigt den britischen Prince Charles, Prince of Wales, im Garten von Highgrove House in der Nähe von Tetbury im Südwesten Englands.*

# DAS COVER-PORTRÄT ERKLÄRT

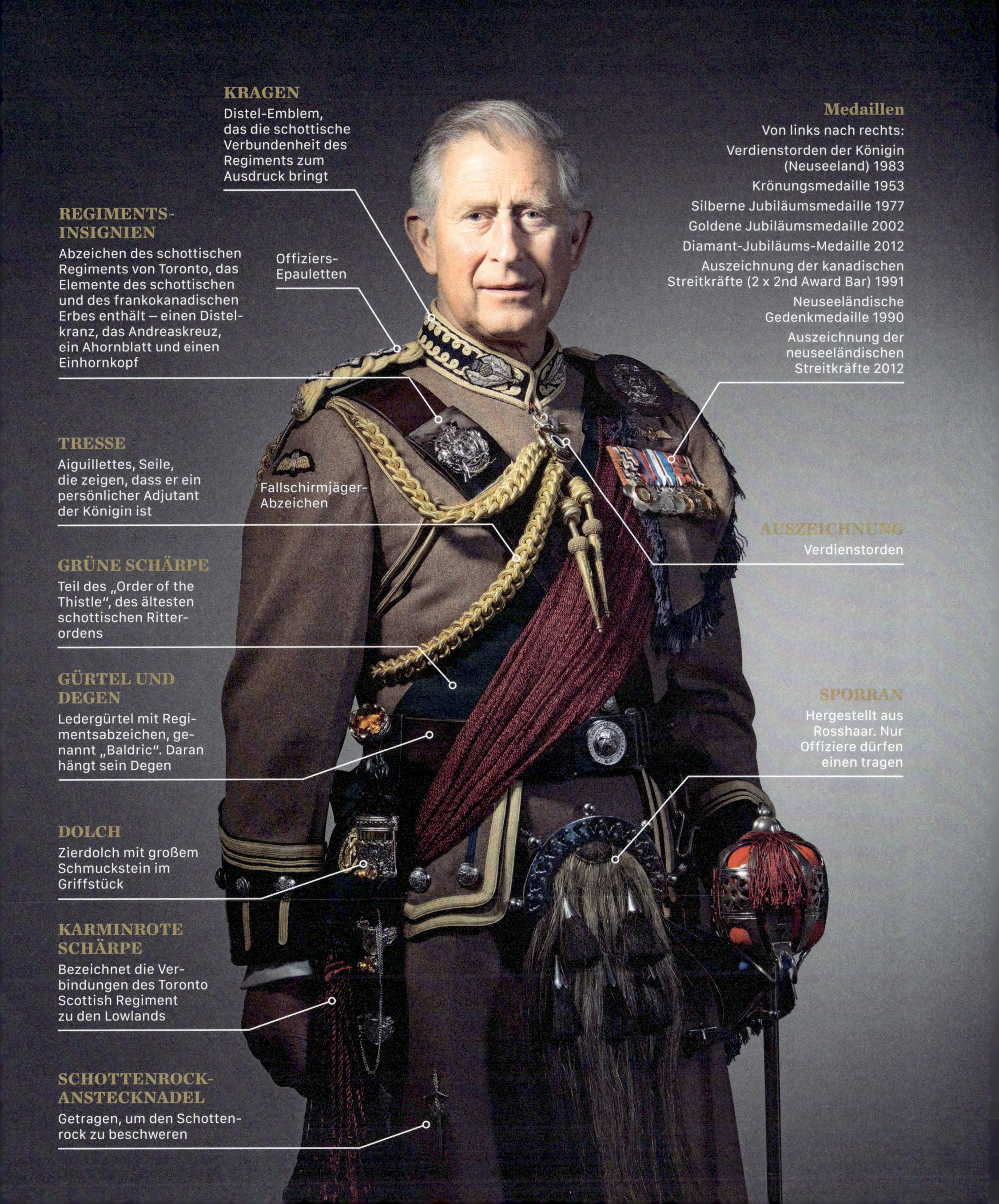

*Für den kirchlichen Segen in der St.-Georgs-Kapelle in Windsor entschied sich die Herzogin von Cornwall für ein blassblaues Kleid mit goldenen Details von Robinson Valentine.*

# EHEGLÜCK IM ZWEITEN ANLAUF

## Am 9. April 2005 heiratet Prince Charles Camilla Parker Bowles in Windsor. Auf die standesamtliche Trauung im Rathaus folgt eine Segensfeier in der St George's Chapel. Prinz William ist Trauzeuge

35 Jahre nach ihrer ersten Begegnung und nur zwei Monate nach Bekanntgabe ihrer Verlobung heiraten Charles und Camilla. Einzelheiten über den besonderen Heiratsantrag wurden nicht offiziell bekannt gegeben, am Rande eines Empfangs bestätigte Camilla aber, dass ihr Bräutigam sehr klassisch um ihre Hand angehalten habe. Auf die Frage, ob Charles vor ihr auf die Knie gefallen sei, antwortete die zukünftige Herzogin von Cornwall mit einem Lachen: „Natürlich. Was denn sonst?"

Obwohl es laut der Kirche von England erlaubt ist, nach einer Scheidung erneut (standesamtlich) zu heiraten, hatte diese Zeremonie für viele einen negativen Beigeschmack: Das zukünftige Oberhaupt der Kirche von England heiratet eine Geschiedene, was anschließend in einer religiösen Zeremonie gesegnet wird.

Zahlreiche Verfassungsexperten – herangezogen, um die Legalität dieses Vorhabens zu überprüfen – konnten nichts Unrechtmäßiges feststellen. Die schriftlichen Einsprüche, die einige Bürger bei den Standesämtern in Cirencester und Chippenham einreichten, wurden allesamt abgelehnt. Einige schlugen den Kompromiss vor, in der Kirche von Schottland zu heiraten, wie einst Prinzessin Anne bei der Hochzeit mit Timothy Laurence, nachdem sie sich von Mark Phillips hatte scheiden lassen, jedoch fand diese Idee ebenfalls keinen Anklang.

Stattdessen planten Charles und Camilla einen komplett neuen Ansatz für ein königliches Hochzeits-Event: Die standesamtliche Zeremonie sollte an einem offiziellen, nicht religiösen Ort stattfinden – gefolgt von einem Segnungsgottesdienst in der St.-Georgs-Kapelle auf Schloss Windsor. Rowan Williams, der damalige Erzbischof von Canterbury, unterstützte ihre Entscheidung mit den Worten, sie stehe „im Einklang mit den Richtlinien der Kirche von England bezüglich der Wiederverheiratung, die der Prince of Wales als überzeugter Anglikaner und als zukünftiges Oberhaupt der Kirche von England voll und ganz akzeptiert".

Leider stellte sich Schloss Windsor bald als ungeeignet für die standesamtliche Trauung heraus, da für diesen Anlass eine Lizenz notwendig gewesen wäre, mit der das königliche Schloss drei Jahre lang offiziell als Hochzeitslocation buchbar gewesen wäre. Daraufhin verlegten Charles und Camilla die standesamtliche Trauung in die Windsor Guildhall, die sich außerhalb der Schlossmauern befindet. Trotz dieser Einzigartigkeit durften gewisse Traditionen nicht fehlen. Camillas Verlobungsring, ein Erbstück der Familie Windsor, gehörte einst der Queen Mother, Queen Elizabeth. Die Eheringe hingegen bestehen, wie die meisten königlichen Eheringe seit der Hochzeit von Prince Albert und Elizabeth Bowes-Lyon im Jahr 1923, aus 22-karätigem walisischem Gold aus der Clogau St David's Mine in Bontddu.

Am Morgen der Hochzeit sah man Camilla sichtlich nervös aus dem Auto steigen, mit dem sie und Charles angekommen waren – möglicherweise durch den lauthals auf der Straße ausgedrückten Missmut einiger Bürger und Bürgerinnen von Windsor. Der Großteil der Anwesenden jubelte der Braut jedoch zu, die in ein cremefarbenes Kleid aus Seidenchiffon, einen passenden Mantel von Robinson Valentine sowie einen breitkrempigen Hut von Philip Treacy gehüllt war.

Nur 28 Personen wurden zur standesamtlichen Zeremonie eingeladen, allesamt Familienmitglieder des Brautpaares. Als Trauzeugen fungierten Prinz William und Tom Parker Bowles, während die Queen sowie der Herzog von Edinburgh durch ihre Abwesenheit auffielen. Obwohl das Fernbleiben der Monarchin offiziell damit begründet wurde, den Anlass privat zu halten, spielte ihr Amt als Oberhaupt der Kirche von England möglicherweise auch eine Rolle bei dieser Entscheidung.

An der anschließenden Segnung in der St.-Georgs-Kapelle nahm sie jedoch teil und stellte sich als Gastgeberin für den anschließenden Empfang zur Verfügung. Für den zweiten Teil des Anlasses schlüpfte Camilla in ein neues Outfit, ein hellblaues, von Hand mit Goldfäden besticktes Kleid mit einem Kopfschmuck aus Blattgoldfedern und Swarovski-Steinen. Da beide schon einmal verheiratet waren, mussten Charles und Camilla vor den 800 Gästen und Fernsehkameras dem Erzbischof von Canterbury ein Bußgebet aus „The Book of Common Prayer" vorlesen, das von ihnen verlangte, ihre „vielfältigen Sünden und Bosheit anzuerkennen und zu beklagen", bevor die Vereinigung gesegnet werden konnte.

Nach der Zeremonie kam das frisch vermählte Paar aus dem Lächeln gar nicht mehr heraus. Camilla bedankte sich bei den anwesenden Zuschauenden für die Glückwünsche. Die anfängliche Angst, die Nebenhöhlenentzündung, die sie damals plagte, könne den Tag zunichtemachen, ging förmlich im Applaus unter.

Während des Empfangs in den Prunkräumen von Schloss Windsor bedankte sich Charles, während er sein Glas erhob: „Auf meine Frau, die mit mir durch dick und dünn geht und deren Optimismus und Humor mich auch in den schwierigsten Zeiten stets beschützen." Das königliche Paar war nun, rechtlich gesehen, Prince und Princess of Wales. Da dieser Titel jedoch stark an Diana erinnert hätte, entschied sich Camilla bewusst für Charles' ersten Nebentitel und nannte sich fortan Herzogin von Cornwall.

Auch die Königin sprach einige Worte und zog aufgrund des gemeinsamen Hobbys aller Anwesenden den ein oder anderen Vergleich mit dem Grand National, dem bekanntesten Pferdehindernissrennen in Großbritannien: „Sie haben die schlimmsten Hindernisse wie ‚Becher's Brook' und ‚The Chair' hinter sich gelassen und dabei immer zusammengehalten. Ich bin sehr stolz und wünsche ihnen nur das Beste. Mein Sohn ist angekommen bei der Frau, die er liebt." *

CAMILLA, QUEEN CONSORT

# „WER NICHT ÜBER SICH SELBST LACHEN KANN, HAT EIGENTLICH SCHON VERLOREN!“

Über die dunkle Zeit der ständigen Beobachtung, den schmerzhaften Verlust ihres Bruders, die Versagensängste – und den Humor, der ihr über all dies hinweggeholfen hat …

Text: Geordie Greig

Es ist ein verregneter Februartag in der wohl düstersten Kaserne des Landes in Aldershot, wo sich die Herzogin von Cornwall zwei Stunden Zeit nimmt, die Soldaten zu begrüßen. Sie ist hier in ihrer Rolle als Royal Colonel des 4. Bataillons der Rifles, das vor Kurzem aus dem Irak zurückgekehrt ist. „Ich hoffe, es ist mir als Offizierstochter gestattet, auch an die Familien zu erinnern, die ebenfalls Großes leisten müssen.“

Auf dem Paradeplatz, von der Ururgroßmutter ihres Mannes, Queen Victoria, in Auftrag gegeben, wird Camillas Rede begleitet von herzlichem Applaus, die Lesebrille sitzt tief auf der Nase.

Auf Versagensängste in ihrer Rolle als Queen Consort angesprochen, antwortet sie lächelnd, sie akzeptiere jeden Tag so, wie er komme, und denke gar nicht an so etwas. Wie sie es auch in ihrer Rede erwähnt, denkt sie allerdings ziemlich oft an ihre Familie – je älter sie wird, desto öfter. Ihre Familie, dazu gehören im Wesentlichen ihre Kinder Laura und Tom, ihre fünf Enkel, ihre Schwester Annabel und, nicht zuletzt, der ehemalige Prince of Wales und heutige König, mit dem sie seit 18 Jahren verheiratet ist. Sowie seine Familie, mit der es sich aber immer wieder als kompliziert herausstellt. Am Ende ist sie, wie alle anderen, ein geschätztes Mitglied der Royal Family, wovon auch die Queen überzeugt war.

Trotz ihrer Flugangst wird sie per Helikopter nach Aldershot gebracht, ein knapp halbstündiger Flug von ihrer Heimat Wiltshire. Die Turbulenzen muss sie heute ganz ohne Charles überstehen, der in solchen Situationen normalerweise

*Camilla feiert ihren 75. Geburtstag. Mit dabei: ihr geliebter Hund Beth.*

*Prince Charles und Camilla Parker Bowles verlassen ein Londoner Theater im West End im Februar 1975. Sie ist damals schon seit knapp zwei Jahren verheiratet, er geht 1981 die Ehe mit Diana Spencer ein.*

ihre Hand hält. Doch die Turbulenzen auf diesem Flug sind nichts im Vergleich zu den Konsequenzen der kontroversen Liebesbeziehung, die sie aus einem normalen Leben in diese extrem öffentliche Position der mächtigsten Frau des Landes katapultiert hat. Der Anfang der Geschichte liegt schon über ein halbes Jahrhundert zurück.

Seitdem musste sie Schmäh der übelsten Art über sich ergehen lassen, am meisten in der Hochphase der Princess-Diana-Hysterie. Zum Glück liegt diese Zeit jedoch weit in der Vergangenheit, und Camilla findet immer mehr Akzeptanz in ihrer Position. Nicht nur ihr Posteingang quillt über vor Anfragen, auch in Souvenirshops ist sie angekommen: Man findet Camilla-Porträts beispielsweise auf Fingerhüten, Tassen und Geschirrtüchern. Nicht nur in der Öffentlichkeit, auch der Platz im Herzen von King Charles, der sie immer als seine „liebe Gattin" bezeichnet, ist ihr sicher. Genau wie die Liebe und Zuneigung, die sie für ihn empfindet. Eine extrem schwierige Umstellung: Plötzlich fand sie sich in der Rolle wieder, in Dianas Fußstapfen als Gattin des zukünftigen Königs zu treten, womit sie zeitweise hoffnungslos überfordert war. Umso tragischer, dass Diana nicht älter als 36 Jahre wurde, was die Erinnerung an sie für immer jung hält.

Auf einigen Reisen erfreute sich Camilla äußerster Beliebtheit, in Neapel hatte sich bei einem Besuch des Paares sogar eine riesige Menschenmenge gebildet. Auf jedem Foto lächelt Camilla herzlich und einladend. Immer wieder wird sie als sehr bodenständig beschrieben. Solch eine Wende des Schicksals für eine Geliebte der Königlichen Hoheit hat es nicht gegeben, seit Prince Albert nach seiner Hochzeit mit Königin Victoria vor mehr als 180 Jahren vom verachteten deutschen Außenseiter zum verehrten Prinzgemahl wurde.

Der Terminkalender einer hochrangigen Adeligen lässt nicht viel Platz zum Durchatmen – ganz zu schweigen unter den Augen von bis zu 100 Journalisten und letzten Endes der Öffentlichkeit. Jedes Detail fällt auf – Outfit, Make-up, Schmuck, Small Talk, Mimik, Gestik. Camilla ist zu Gast bei über 200 Events pro Jahr. Wie sie einem Freund erzählt: „An manchen Tagen wacht man auf mit dem Gefühl, alles wäre einem über den Kopf gewachsen. Dann muss man halt einfach durch. Wichtig ist es, immer weiterzumachen. Wie wenn man versucht, einen Luftballon aufzupusten: Sobald keine neue Luft nachkommt, kann er seine Form nicht mehr halten." Ob sich das mit dem Lampenfieber eines Theaterschauspielers vergleichen lässt, der jeden Moment auf die Bühne geht? „Nicht ganz", sagt sie und lacht, „ich war noch nie eine gute Schauspielerin, und dementsprechend fühlte sich jede Schulaufführung wie ein Albtraum an!"

**Plötzlich fand sie sich in der Rolle wieder, in Dianas Fußstapfen zu treten, womit sie zeitweise hoffnungslos überfordert war**

Camillas Einstellung war schon immer sehr positiv und lebensbejahend, der Spaß darf nie zu kurz kommen. „Ihre Herzlichkeit ist sehr ansteckend", erzählt ein ehemaliger Bediensteter Dianas, dem Camilla mittlerweile auch stark ans Herz gewachsen ist. Tatsächlich merkt man nicht mehr so viel von der bitteren Spaltung der Nation, die ursprünglich durch das Drama zwischen Diana und Camilla ausgelöst wurde.

Leichtigkeit ist der Schlüssel zum Glück, selbst auf Events wie Paraden. Ihr Sinn für Humor war schon immer Camillas Anker: „Man muss da einfach darüberstehen, manchmal lache ich sogar etwas zu lange. Viele Situationen sind schwierig zu meistern, und man fragt sich, wie man das überhaupt schaffen soll, vor allem wenn etwas komplett schiefgeht und für einen klitzekleinen Moment lang niemand weiß, was er tun soll. Man lernt, es einfach so hinzunehmen, und ich muss mittlerweile sogar aufpassen, nicht in Gelächter auszubrechen."

Ihre 1978 geborene Tochter Laura erinnert sich nur zu gut an die Zeiten, als sie und ihr drei Jahre älterer Bruder Tom immer darauf achteten, in guten wie in schlechten Situationen ihr Lächeln zu bewahren. Und das noch, bevor die heutige Queen Consort überhaupt bekannt geworden ist. Aus dem Nähkästchen plaudernd, berichtet Laura von einem typischen Camilla-Fauxpas. „Wir waren in einem Sainsbury's-Supermarkt in Chippenham, fast alle Parkplätze waren belegt. Nur einer, direkt am Eingang des Marktes, war frei, und Mutter nahm ihn, ohne zu zögern. Auf einem Schild stand geschrieben ‚Reserviert für den Bürgermeister von Chippenham'. Als wir aus dem Markt kamen, fragte ein Herr meine Mutter, was sie denn auf dem Parkplatz des Bürgermeisters zu suchen habe. Sie antwortete lächelnd, dass es ihr leidtue und sie die Frau des Bürgermeisters sei, während sie mich hastig ins Auto setzte. Der Herr bewegte sich nicht vom Fleck und lachte: ‚Es ist mir ein Vergnügen, Sie kennenzulernen – ich bin der Bürgermeister!'"

In jungen Jahren suchte Camilla nie das Rampenlicht – das war eher etwas für ihre jüngere Schwester Annabel und ihren sympathischen Bruder Mark, der leider verstorben ist. Wie Camilla Freunden erzählt: „Annabel war zu ihrer Schulzeit eine super Schauspielerin, weswegen sie auch meistens die Hauptrolle spielte. Ich spielte immer das Dienstmädchen, das reinkam und nur fragte, ob die Dame eine Tasse Tee möchte, und selbst das habe ich nicht wirklich hinbekommen. Mir ist auch schon mal das ganze Tablett runtergefallen", erzählt sie schmunzelnd.

Während Camillas Freunde mit Mitte 70 langsam anfangen, sich zur Ruhe zu setzen, hat sie mehr zu tun als jemals zuvor. Von einem Reporter auf damit verbundene Schwierigkeiten angesprochen, scherzt sie: „Was wollen Sie damit sagen, bin ich etwa nicht jung genug dafür? Vielleicht wird eines Tages eine Art Wundermittel erfunden, das alles einfacher macht. Doch bis es so weit ist, schaffe ich das locker noch allein!" Besonders anstrengend wird es auf Reisen, auf denen die Tage von morgens bis in die Nacht strikt durchgeplant sind. „Man lebt häufig auf Adrenalin", gibt sie zu.

Die Neugierde ist, was Camilla sich immer bewahrt hat. Bei einem offiziellen Abendessen erklärte sie, wie sehr ihr der Umgang mit Menschen am Herzen liegt. „Mich interessiert die Geschichte meines Gegenübers mehr als meine eigene. Bei manchen Events kommen so sehr tiefgründige Gespräche zustande.

„Wenn ich mit meinem Team über ein Event spreche, geht manchmal ein Entsetzen durch die Runde, wenn ich verkünde, dass ich die Biografien der anderen Teilnehmenden nicht lesen möchte, da ich diese Informationen lieber aus dem Gespräch ziehe, fast wie bei einem Spiel. Und die Geschichten, die ich höre – ich könnte ein Buch schreiben." Aus den Begegnungen mit Menschen schöpft Camilla viel Kraft. Wie beispielsweise als sie und ihr Mann im Jüdischen Museum in Wien den mittlerweile über 100-jährigen Freddie Knoller kennenlernen durften. Ursprünglich aus Österreich, wurde Knoller, welcher heute in Bexley in England lebt, von britischen Soldaten aus dem KZ Bergen-Belsen befreit. Er ist das einzige Mitglied seiner Familie, das das KZ überlebt hat. Auf verschwommenen Fotos sieht man Freddie Knoller in gestreifter Kleidung, die an seinem abgemagerten Körper herabhängt. „Sie sind ein wahrer Held", sagt Camilla mit leiser Stimme, worauf er mit einem strahlenden Lächeln reagiert.

Sie schaute sich das Museum an, wo diese emotionale Begegnung stattfand, und hat dem Orchester der Wiener Philharmonikern bei der Probe von Beethovens Neunter zugesehen. Außerdem kostete sie den Apfelstrudel des ehemaligen kaiser-

*Camilla, die damalige Herzogin von Cornwall (Mitte), ihr Sohn Tom Parker Bowles (links) und Tochter Laura Lopes (rechts) 2015 beim bedeutendsten Hindernisrennen der Welt, dem Cheltenham Gold Cup. Es ist der Höhepunkt des Cheltenham Festival, das jedes Jahr im März im englischen Gloucestershire über vier Tage veranstaltet wird. Auf einer Strecke von 5331 Metern sind 22 Hindernisse zu überspringen.*

lichen Konditors und verfütterte Zuckerwürfel an weiße Lipizzanerhengste in der berühmten Spanischen Hofreitschule – und das alles innerhalb von 24 Stunden als Teil einer Reise, die den Handel mit Großbritannien nach dem Brexit wieder ankurbeln sollte. „Eine positive Einstellung bringt uns so viel weiter. Das Glas ist entweder halb leer oder halb voll. Ich denke immer hoffnungsvoll. Niemals stehen bleiben. So, wie wir Briten eben sind!" Ihr samtweicher Charme kombiniert mit der rauchigen Stimme deutet auf die stählerne Entschlossenheit hin, mit der sie aufpasst, dass sich ihr viel beschäftigter Mann nicht überarbeitet. Sie unterstützt ihn, wo sie nur kann – auf ihre sanfte Art und Weise.

Wenn sie von ihrer Familie spricht, tut Camilla dies nicht auf sentimentale Art, im Gegenteil: Die Geschwister waren schon immer laut, hart im Nehmen, und manchmal fliegen auch heute noch die Fetzen. Alles in allem sind die Shands offenherzig und manchmal ein wenig aufbrausend, jedoch immer aufrichtig und sehr höflich.

Der Verlust ihres geliebten Bruders Mark, der nach einem Sturz in New York im Jahre 2014 im Alter von 62 Jahren verstorben ist, hinterließ eine riesige Lücke in ihrem Leben. Auf rührende Art spricht sie mit Freunden über ihn: „Egal, was es war, Mark wollte immer irgendwas. Immer, wenn er mich anrief und ich ihn ‚Camillsy …' sagen hörte, wusste ich sofort, was los war. Gott, ich vermisse ihn so sehr!" Ihre engste Vertraute bleibt ihre Schwester Annabel, mit der sie täglich in Kontakt ist.

Schon immer legte Camilla großen Wert auf die Verbindung zu ihrem Leben außerhalb der königlichen Blase, welches sie in ihrem Privatanwesen, Ray Mill in Wiltshire, ausleben kann. Hier zieht sie sich regelmäßig zurück, um sich von dem ganzen Trubel zu erholen. In der Küche finden sich Porträts von Laura und Tom von Hattie Young, zahlreiche Bilder von Hühnern sowie Hundekörbe und Spielzeug für die Wächter des Hauses, die beiden Jack Russells Beth und Bluebell. Wie ein Freund erzählt: „Hier kann sie ihr Rührei im Bademantel machen und Zeit mit ihren Liebsten verbringen, weit weg von Zeremonien und neugierigen Blicken. Es ist einfach ihr Zuhause."

Und es gab definitiv Zeiten, in denen sie ein Versteck mehr als nötig gehabt hatte. Als ihre Unbeliebtheit ihren traurigen Höhepunkt erreicht hatte, wurde Camilla jeden Tag durchgehend von der Presse belagert. Obwohl sich viele Horrorgeschichten, wie zum Beispiel das Gerücht, dass sie in einem Sainsbury's-Supermarkt mit Brötchen beworfen worden sein soll, als unwahr herausstellten, war Camilla zweifelsohne eine Zielscheibe für Diana-Besessene. Das britische Magazin „Tatler“ schaltete sogar die Polizei ein, nachdem die Leserbriefe zutiefst hasserfüllt geworden waren.

„Die Paparazzi folgten uns auf Schritt und Tritt und lauerten uns regelmäßig auf, wie Gespenster“, erinnert sich Tom Parker Bowles. „Im Badezimmer des Middlewick House hatten wir ein Fernglas, mit dessen Hilfe wir jeden Morgen zählten, wie viele Paparazzi sich in den Büschen versteckten. Sie waren einfach zu erkennen, da sich die Sonne auf den Kameraobjektiven spiegelte. In der Hochphase waren es bis zu sechs Stück, die sich draußen versteckten – es war schon fast zur Normalität geworden.“

Mit dem Wort „normal“ lässt sich auch Camillas Lebensstil bezeichnen. Nach Hause kommen, Schuhe aus, Füße hoch. Von Fernsehserien wie „The Killing“ über Bücher von Robert Harris und Susan Hill bis zu den für den Booker-Preis nominierten Werken. Sie liebt es zu töpfern, geht gern mit den Hunden raus und sieht viel fern. Immer wieder betont sie, wie wichtig ihr die Unterstützung ihrer Freunde schon immer gewesen sei. „Als wir in Middlewick lebten, konnte ich ungefähr ein Jahr lang fast nirgendwohin. Die Kinder jedoch gingen ein und aus, so wie immer. Sie haben sich niemals beirren lassen, genauso wenig wie meine besten Freundinnen und Freunde.

Ich liebe es, zu lesen, und bin sehr dankbar für die vielen Gelegenheiten, die sich in dieser schwierigen Zeit dafür ergaben. Da ich ja buchstäblich zu Hause festsaß, vertrieb ich mir die Zeit mit etwas Positivem, wie zum Beispiel alle Bücher zu lesen, die ich mir vorgenommen hatte. Ich versuchte auch, zu malen, was sich aber leider als Misserfolg herausstellte! Nach einer Weile legte sich der Trubel etwas, und das Leben ging irgendwie weiter.“ Man merkt, dass sie einige Narben davongetragen hat. „Ich halte mich nicht für besonders tough, würde mich selbst aber als einen starken Charakter bezeichnen. In gewisser Weise muss man das auch sein, und ich denke, die Erziehung spielt eine entscheidende Rolle bei der Entwicklung dieser Fähigkeit. Nicht, dass meine Erziehung besonders streng gewesen wäre, im Gegenteil. Meine Geschwister und ich sind in einer sehr glücklichen Familie groß geworden, und ich kann mich definitiv nicht beschweren – ich hatte eine idyllische Kindheit.

> **„Sie war schon immer eine außergewöhnliche Mutter“, erinnert sich Tom. „Nie hat sie sich über uns aufgeregt, selbst wenn es Ärger gab“**

Unsere Eltern gaben uns viele Freiheiten, und wir hatten eine wirklich tolle Zeit, weswegen wir auch unsere Kinder auf dieselbe Art erzogen haben. Die starke Verbundenheit zur Familie gepaart mit dem nötigen Respekt – auch wenn ich finde, dass wir damals viel mehr Respekt vor unseren Eltern hatten. In jedem Fall mehr als Tom und Laura vor mir“, erzählt sie lachend einem Freund. Die Parker Bowleses sind eben sehr loyal und unverblümt ehrlich.

„Sie war schon immer eine außergewöhnliche Mutter“, erinnert sich Tom. „Nie hat sie sich über uns aufgeregt, selbst wenn es schlechte Zeugnisse oder anderen Ärger gab. Eines Tages kam sie nach Eton und nahm mich mit zu McDonald's.“ Camilla möchte kein Mitleid für die Zeit der Schlagzeilen, die wahrlich als verunglimpfend bezeichnet werden können. Sie möchte einfach nur mit dem, was passiert ist, an die Öffentlichkeit gehen. „Ich kann es kaum anders ausdrücken – es war schrecklich. Eine zutiefst unangenehme Zeit, die ich meinem schlimmsten Feind nicht wünschen würde. Ohne meine Familie hätte ich das wohl nicht überstanden.“ Auf die Frage, ob sie gut darin ist, über solche Dinge hinwegzukommen und weiterzumachen, antwortet sie mit „Ja, definitiv!“.

Zu ihren Stärken gehören eine hohe emotionale Intelligenz sowie ein dementsprechendes Gespür. Wenn sie von Freunden gefragt wird, wie sie das alles hinbekommt, antwortet sie: „Man muss definitiv am Boden bleiben, um auf dem königlichen Parkett nicht auszurutschen. Außerdem muss man über sich selbst lachen können. Wer das nicht kann, hat eigentlich schon verloren. Das geht manchmal so weit, dass ich mir selbst die Frage stelle: ‚Wer ist diese Frau? Das kann doch nicht ich sein.‘ So funktioniert das. Meine Freunde sind mein zweiter Anker, die meine Füße auf dem Boden halten. Sollte ich auch nur im Entferntesten hochnäsig wirken, was zum Glück nie der Fall ist, würden sie mir den Kopf waschen.“ Zu ihren größten Vorbildern zählte schon immer ihr Vater Bruce Shand, Major in der britischen Armee. „Er war brillant und kam mir immer zu Hilfe. Ich erinnere mich an eine Situation, als er gerade zu Gast bei mir in Middlewick war und die Presse draußen lauerte. Alle paar Minuten rüttelten sie laut an der Tür, klopften an die Fenster, sogar den Schornstein waren sie heruntergeklettert. Für ein Bild hätten sie alles gemacht, und das konnte man damals durchaus beim Wort nehmen.

Jedenfalls ging mein Vater nach einer Weile ganz ruhig zur Eingangstür, woraufhin sie sich alle davor versammelten, in Erwartung, er würde ein großes Statement über mich oder Ähnliches abgeben. Er sagte ruhig, aber bestimmt: ‚Meine Herren, in unserer Familie ist Verschwiegenheit ein hohes Gebot. Vielen Dank‘, und ging zurück ins Haus. Als er die Tür hinter sich zuzog, lächelte er nur mild, und das war's dann. Die Paparazzi konnten wohl ihren Ohren nicht trauen, aber so wurden wir eben erzogen: Niemals beschweren, niemals rechtfertigen. Nicht jammern – weitermachen.“ Vor allem Camillas Neffe, Ben Elliot, bewundert diese ruhige Entschlossenheit. „Sie ist belesen und bildet sich gern ihre eigene Meinung über Menschen.

Camilla und meine Mutter [Annabel] sind wiederum ihrer Mutter sehr ähnlich, ihre unverkennbare Direktheit zeigt sich besonders darin, dass sie immer versuchen, herauszufinden, was dem Gegenüber wirklich wichtig ist.“

Camilla erklärt, wie perfekt ihre Erziehung sie auf ihre königlichen Pflichten an der Seite von Prince Charles vorbereitet hat: „Ich bin so dankbar für die Bodenständigkeit und Manieren, die mir meine Eltern beigebracht haben. Vor allem heutzutage klingt es undenkbar, dass wir mit 16 mit der Schule fertig waren und fast niemand studieren gegangen ist, es sei denn, man hatte ein großes Talent dafür. Stattdessen lernten wir auf Reisen nach Paris und Florenz vieles über Leben und Kultur und auch den Umgang mit Menschen, speziell wie man mit wem redet. Auf diese Prinzipien wurde in meiner Erziehung besonderer Wert gelegt, und ohne diese wäre mir die Umstellung auf das Leben im Königshaus wohl noch schwerer gefallen.

Meine Mutter konnte schon zu drastischen Maßnahmen greifen, um uns dazu zu bringen, mit anderen Menschen zu sprechen. Ich erinnere mich zum Beispiel an ein Abendessen bei uns zu Hause mit den wohl langweiligsten Nachbarn der Welt, bei dem die Eltern uns regelrecht ins Esszimmer geschleppt haben, wo das Dinner stattfand. Obwohl wir unsere Fischstäbchen gern mit vor den Fernseher genommen hätten, setzte sie uns an den Tisch, und sobald wir keine Gesprächsthemen mehr hatten, motivierte sie uns dazu, weiter zu reden. Worüber, war egal, ob Wellensittich oder Pony, Hauptsache, keine Stille. Es ist so sehr in der Psyche verankert, dass ich es tatsächlich nie geschafft habe, nicht zu sprechen.“

Camilla sorgt immer dafür, dass sich alle gut amüsieren. Sie verkörpert die perfekte Kombination aus gesundem Urteilsvermögen, starkem Pflichtbewusstsein, Familientreue, Lachen und tiefer Liebe zu ihrem Mann. Im Grunde unterscheidet sie sich gar nicht so sehr von der langjährigen Königin Elizabeth II. *

*Nach seiner Thronbesteigung kündigte Charles an, dass er und Camilla vorerst in Clarence House wohnen bleiben werden, da der Buckingham-Palast noch bis mindestens 2027 saniert wird.*

KÖNIGSRESIDENZEN

# ZU GAST BEI KING CHARLES UND QUEEN CAMILLA IN LONDON

Viele vom früheren Prinzen von Wales persönlich ausgewählte und sehr geliebte Schmuckstücke sowie Geschenke aus aller Welt zieren das Zuhause des Königspaares – Clarence House

*Links: Die offizielle Residenz hat vier Stockwerke ohne Dachböden oder Keller und ist mit Stuck verkleidet. Während der Sommermonate ist der Palast für die Öffentlichkeit zugänglich. Rechts: Die Besichtigung beginnt im Garten, der von König Charles III. zum Andenken an seine Großmutter angelegt wurde.*

Die „Birthday Gates" des Clarence House erinnern an Queen Mum. Jedes Jahr am 4. August drängten sich vor den großen schwarzen Toren in der Stable Yard Road unzählige Menschen. Alle waren hier, um der ehemaligen Königin Elizabeth zum Geburtstag zu gratulieren, wofür sie vor ihre Haustür trat, um dem Volk besonders nahe zu sein.

Es war eines dieser typisch britischen Rituale, ein Zeichen der Loyalität der Öffentlichkeit gegenüber der königlichen Familie. Begonnen hat es im Jahr 1970 und endete erst mit dem letzten Geburtstag Ihrer Königlichen Hoheit, die stolze 101 Jahre alt wurde. Dieser Brauch gab den Toren ihren heutigen Namen, Birthday Gates. Nach dem Durchschreiten fallen einem bei der Privatführung im Haus und in den Gärten die vielen Erinnerungsstücke an Queen Mum auf. King Charles III. und seine Frau, Queen Camilla, teilen sich die Residenz mit einer Menge Londoner Bienen, aber dazu später mehr.

## Glanzvolle Partys und Picknicks

Obwohl Clarence House direkt hinter der Mall liegt, ist es angenehm ruhig. Die einzigartige königliche Residenz dürfte wohl einen bleibenden Eindruck im Herzen aller Familienmitglieder hinterlassen haben, die hier gelebt haben. In den 1820ern für den Herzog von Clarence, den späteren König William IV., erbaut, sind im Laufe der Jahrhunderte Renovierungen und Umbauten für sieben königliche Bewohner mit sehr unterschiedlichem Geschmack vorgenommen worden.

Bis zum Alter von drei Jahren lebte Charles hier, bevor durch die Ernennung zum Thronfolger sein Leben komplett auf den Kopf gestellt wurde: Mit der Krönung seiner Mutter zur Königin im Alter von nur 27 Jahren zog die Familie in den riesigen Buckingham Palace mit seinen endlosen Gängen.

Ein Schock, da Clarence House trotz seiner Nähe zum St James's Palace (wo Prince Charles später auch eine Zeit lang lebte) die Wärme eines Familienhauses ausstrahlt, die Princess Elizabeth, der Herzog von Edinburgh und ihre beiden Kinder sehr genossen haben. Man kann sich sehr gut vorstellen, wie Charles hier aufgewachsen ist, das Laufen gelernt und mit den Corgis im Garten gespielt hat.

Nachdem ihre Tochter zur Königin wurde, lebte Charles' Großmutter 49 Jahre lang hier. Einige Zeit davon wohnte auch Princess Margaret zusammen mit ihrer Mutter im Clarence House – bis sie heiratete und in den Kensington Palace umzog. Die glanzvollen Cocktailpartys wechselten sich mit Picknicks auf dem Rasen ab, und überall im Haus findet man zeitgenössische Kunstwerke, da Queen Mum eine leidenschaftliche Förderin der entsprechenden Szene war. Nach ihrem Tod im Jahre 2002 kehrte Prince Charles mit seinen Söhnen zurück ins Clarence House, 2005 zog auch seine zweite Frau, Camilla, mit ein.

Heute ist die Residenz, die eines der letzten aristokratischen Stadthäuser Londons ist, nicht nur der Hauptstadt-Wohnsitz des Königs und seiner Familie, sondern beherbergt ebenfalls das „Gehirn" des Hofes sowie einige Büros, die für den Haushalt des Königs zuständig sind. Die Privaträume des Königs und der Königin befinden sich im obersten Stockwerk, in den unteren Wohnbereichen werden Gäste, zum Beispiel Adelige, Staatsoberhäupter wie der ehemalige Präsident Donald Trump, aber auch spirituelle Größen wie der Dalai Lama empfangen.

Letzterer nannte den Prinzen einen „sehr guten, gar besten Freund", während sie durch den Garten schlenderten. Die vom Dalai Lama im Jahr 2008 gepflanzten Magnolienbäume sind noch immer ein Highlight des Gartens.

Ein Teil der Anziehungskraft des Clarence House liegt wohl in seiner Gemütlichkeit, und das trotz der vielen historischen Artefakte, Möbel und Gemälde. Nicht nur dadurch fühlt sich der Wohnsitz des Königs von Großbritannien an wie ein Heiligtum der Familie. Auch finden sich Familienporträts, speziell der Kinder und Enkelkinder. Jeder Gegenstand ist mit einer persönlichen Geschichte verbunden.

Am Anfang des Rundgangs geht es durch die Haupttür in die

*Oben: Das Gemälde im Morgenzimmer zeigt Ihre Majestät Königin Elizabeth II. und wurde 1973 vom englischen Künstler Michael Noakes fertiggestellt.*

*Oben: Eine Büste der Mutter von Königin Elizabeth II. aus der Zeit, als sie noch Herzogin von York war. Hergestellt aus Gips mit Bronzeüberzug vom britischen Bildhauer Louis Frederick Roslyn; daneben Familienfotos der jungen Prinzen William und Harry sowie eine prachtvolle Uhr. Links: In der großen Eingangshalle stößt man u. a. auf einen Brüsseler Wandteppich („Garten", um 1600), der 1950 erworben wurde, eine antike schwarze Vase aus den Jahren 330–310 v. Chr. und zwölf Esszimmerstühle aus Nussbaumholz, die aus dem 18. Jahrhundert stammen.*

*Das Gartenzimmer – der pompöse Raum dient dem Empfang offizieller Besucher. Gestaltet wurde er von Queen Mum höchstpersönlich.*

Eingangshalle, wo Holzspielzeug ausgestellt ist, mit dem Prince Charles und Princess Anne gespielt haben, darunter ein Bäckerwagen aus Holz und eine Schubkarre. Was aber besonders ins Auge sticht, ist eine sehr außergewöhnliche Standuhr. Das beeindruckende Werk aus dem 18. Jahrhundert mit drei bemalten Zifferblättern spielt Melodien, und die Zeiger tragen Kronen an den Enden. Ein Hochzeitsgeschenk der Einwohner von Glasgow, Schottland, an Charles' Großeltern, den damaligen Herzog von York, später König George VI., und Lady Elizabeth Bowes-Lyon.

Wie sich bald herausstellt, ist das nur der Anfang, da das Haus eine ganze Menge Geschenke aus aller Welt beherbergt. Einige davon dauerhaft ausgestellt, wie die vier Gemälde im Lancaster Room, erste Tür rechts. Andere Stücke werden je nach Besucher aus der königlichen Sammlung oder dem Buckingham Palace gebracht.

Es finden sich zum Beispiel einige Gemälde der Künstlerin Norma Bull aus Melbourne, die im Jahr 1939 nach England gekommen ist. „Als inoffizielle Kriegsmalerin ging sie nach Bombardierungen einfach zu Fuß an den Ort des Geschehens und malte, was sie sah", erzählt ein Mitglied des Königshauses. Queen Elizabeth, die während des Blitzkriegs mit dem König in London blieb und die zerbombten Straßen der Hauptstadt mit eigenen Augen sah, fand diese Bilder sehr ergreifend. Im Jahr 1947 wurde eine Ausstellung von Norma Bull abgehalten, und Queen Elizabeth kaufte neun Gemälde, darunter die vier, die heute noch hier an der Wand hängen. Daraufhin schenkte die Künstlerin der Königin noch zwei weitere Bilder.

Die Royal Family pflegt die Beziehungen ins Ausland, der Commonwealth-Staat Australien ist beispielsweise von besonderer Bedeutung. Der König präsentiert ein ganz spezielles Paar Slipper, das seinen Platz normalerweise im Kinderzimmer des Buckingham Palace hat.

Für seine Mutter angefertigt (die damals selbst noch ein Baby war), wurden sie seiner Großmutter, der damaligen Herzogin von York, von australischen Ureinwohnern in Victoria geschenkt, im Rahmen einer Rundreise Ihrer Königlichen Hoheit im Jahre 1927. Die eleganten Schuhe bestehen aus Samt und sind mit Muscheln und Sand verziert.

Ebenfalls von dieser Reise stammt ein kleiner Stein, der von schimmernden Goldnuggets überzogen ist. Sogar die handschriftliche Notiz der Großmutter des früheren Prinzen wurde aufgehoben: „Goldhaltiger Quarz aus Ballarat, 29.4.27".

Das Motto Australien zieht sich durch bis ins Esszimmer, mit landestypischen Pflanzen und einem Eukalyptus-Duft, der in der Luft liegt. Auch die silbernen Weinkühler, die an gegenüberliegenden Wänden stehen, sind ein Hochzeitsgeschenk „an den Herzog von York (später König George VI.) zu seiner Hochzeit mit Lady Bowes-Lyon, 26. April 1923, von Australiern in London".

Bei offiziellen Abendessen sitzt König Charles gern in der Mitte statt am Kopf des Tisches, damit er sich mit allen unterhalten kann. Außerdem hat er von hier einen perfekten Blick auf das beeindruckende Gemälde seiner Großmutter, das über dem Kamin hängt, in dem im Winter ein kleines Feuer lodert. Das Werk von Augustus John ist eigentlich ein unvollendetes. Bei seinem Besuch im Buckingham Palace, um die Queen zu zeichnen, packte ihn die Nervosität so sehr, dass er Ihrer Majestät unmöglich ins Gesicht blicken konnte, geschweige denn die Details ihres Kleides ausmachen. Man gab ihm ein Getränk und

*Links: Den Korridor schmücken Gemälde von königlichen Pferden. Rechts: Schöne Erinnerungen überall – hier in Form von Familienfotos auf dem Flügel.*

ließ sogar ein Streichquartett spielen, um ihn zu beruhigen, was aber leider nicht half. Mit Beginn des Blitzkriegs entschied man schließlich, die Sitzungen abzubrechen, da es zu gefährlich war. Der Künstler packte seine Sachen inklusive Gemälde und ging zurück ins Studio. In den 1960ern fand eine Retrospektive seiner Werke statt, wo die Northern Shipping Line das Gemälde als Geschenk für die Queen Mother erstand, nachdem sie damals zu Gast auf einer Schiffstaufe war. Die Freude stand ihr förmlich ins Gesicht geschrieben.

Vor allem faszinierten sie die Skizzen, die sie sogar oft lebendiger fand als das fertige Gemälde. Dementsprechend sieht man viele von ihnen zwischen den anderen Gemälden.

Jedes der Zimmer im Erdgeschoss hat seinen eigenen Charakter. Die hellen Blautöne im Morgenzimmer repräsentieren die Rennfarben (Pferderennen) der Queen Mum, während das Gartenzimmer von einem feinen Wandteppich geschmückt wird, ein Geschenk vom Herrscher Napoleon III. an Queen Victoria. Auch an die Corgis wurde beim Raumdesign gedacht: Durch kleine Türchen am Fuße des Fensters können sie selbst entscheiden, wann sie in den Garten gehen.

## Jedes Zimmer hat seinen Charakter

Am faszinierendsten sind jedoch zwei besondere Musikinstrumente – eine goldene Harfe, speziell angefertigt für den Prinzen von Wales und regelmäßig von der königlichen Harfenistin gespielt, sowie ein Steinway-Flügel aus der Royal Lodge in Windsor, auf dem die Prinzessinnen Elizabeth und Margaret das Klavierspielen lernten. Noël Coward spielte ebenfalls regelmäßig auf diesem Klavier, er war häufig zu Gast im Clarence House. Auf dem Instrument liegt auch ein Liederbuch des legendären Dramatikers und Komponisten mit der handschriftlichen Widmung „Für Ihre Majestät Königin Elizabeth, die Queen Mother, von Noël Coward". Ein Weinfleck auf der ersten Seite zeugt von den Partys, die hier stattfinden.

Ein weiterer Raum, in den nur wenige Besucher Einlass gewährt bekommen, ist ebenfalls von großer Bedeutung für den Commonwealth-Staat Australien. Hier im „stillen Zimmer" sind die Wände mit Jarrah-Holz verkleidet, ein Hochzeitsgeschenk an die damalige Prinzessin und den Herzog von Edinburgh vom australischen Volk. Wenn man durch die Tür schreitet, fällt direkt der intensive Geruch dieses Holzes auf. Als Nächstes ein Gemälde von James Ranalph Jackson, das australisches Buschland zeigt. Ein Geschenk der Regierung und des Volkes von New South Wales, Australien, im Februar 1958 an die beliebte Queen Mum.

Die Gärten des Clarence House ließ der damalige Prince Charles nach seinen Vorgaben umgestalten und um einen Bereich erweitern – zum Gedenken an seine Großmutter. Dieser wurde von Mitgliedern der Prince's Foundation School of Traditional Arts nach dem Entwurf seiner Königlichen Hoheit angelegt. In diesem Teil des Gartens sind die Bäume so geschnitten, dass sie an die Form des Sonnenschirms der Queen Mum erinnern, ebenfalls gab der damalige Prinz vor, im restlichen Garten das Gras mit Wildblumen wie zum Beispiel Orchideen wachsen zu lassen. Das Gemüse für die Hausbewohner kommt ebenfalls aus dem Garten. Unter anderem werden hier Grünkohl, Spinat, Karotten, Saubohnen, Stangenbohnen, Lauch und Kopfsalat angebaut.

Im Jahr 2017 ließ der damalige Prinz außerdem zwei Bienenstöcke installieren, aus denen einmal im Jahr der Honig geerntet wird. Direkt daneben befindet sich das Bienen-Hotel, bestehend aus an der Wand befestigten Bambusrohren. „Bienenstöcke sind für Bienenvölker gedacht. Es leben aber nicht alle Bienen in Bienenvölkern, viele von ihnen sind Einzelgänger, welche im Winter Schwierigkeiten bekommen, ein warmes Plätzchen zu finden", erklärt eine Sprecherin des Hauses. „Das Bienen-Hotel besteht aus Bambussprossen mit Ecken und Nischen, in denen die Bienen sowie andere Insekten ein Zuhause finden können."

In den Gärten finden auch regelmäßig Ordensverleihungen und Partys statt, u. a. der Elephant Family Animal Ball, bei dem Spenden für die Stiftung gesammelt werden, die von Mark Shand, dem verstorbenen Bruder Camillas, gegründet wurde.

Jahr für Jahr lädt das Königspaar außerdem Kinder aus einem Hospiz ein, um den Weihnachtsbaum des Clarence House zu dekorieren. „Ein wunderschöner Anlass an einem noch schöneren Ort", schwärmt ein Angehöriger. *

*Oben: Der Morgenraum wurde ursprünglich als Frühstücksraum konzipiert. Die Sitzgruppe ist ein Werk des Tischlers Thomas Chippendale.*

*Links: Ein weiteres Gemälde von Princess Elizabeth aus dem Jahr 1933 von Philip de László, einem der führenden britischen Porträtmaler des frühen 20. Jahrhunderts. Oben: Der Speisesaal ist mit Vergoldungen und Deckenverzierungen aus den frühen 1900er-Jahren ausgestattet. Der opulent gedeckte Esszimmertisch steht unter einem Gemälde von Augustus John, das die spätere Queen Mum in jungen Jahren zeigt.*

# KÖNIGLICHES LANDLEBEN

Königin Camilla besitzt ein 850.000-Pfund-Anwesen auf dem Land – Ray Mill House in Wiltshire. König Charles zieht sich gern nach Highgrove, seinem privaten Wohnsitz in den Cotswolds, zurück, wo er sich eine heile Welt aus Komposterde, Biogemüse und Solarenergie erschaffen hat

Text: Andy Englert

Die Frage zu stellen, wo der Lebensmittelpunkt von Royals liegt, ist meist überflüssig. Natürlich in den ererbten Schlössern, wie schon bei Generationen zuvor. So war es beispielsweise bei Queen Elizabeth II.. Sie residierte dort, wo auch ihre Vorfahren residiert hatten: im Buckingham Palace in London, auf Windsor Castle, um die Weihnachtszeit in Sandringham in Norfolk und im Sommer auf Schloss Balmoral in Schottland. Manchmal errichteten die Windsors neue Schlösser – immer nach einem Muster: Der Hof zog ein. Und egal wo, der Hof prägte in Folge die direkte Umgebung der Residenz.

Ein Muster, dem der damals 32-jährige Prince Charles nicht folgen wollte. Er erwarb, kurz vor seiner Hochzeit mit Princess Diana, das Anwesen Highgrove bei Tetbury in der Grafschaft Gloucestershire in den Cotswolds. Im Vergleich mit allen Immobilien, die zu seiner Erbmasse gehören, ein recht bescheidenes Objekt: ein Landhaus, erbaut zwischen 1796 und 1798 mit 360 Hektar Farmland. Vorheriger Besitzer: ein ehemaliger Unterhaus-Abgeordneter der Konservativen. Auch wenn Charles in den folgenden Jahren umfangreiche Renovierungen und eine Neugestaltung von Gärten und Agrarland durchführen ließ, war dieser Kauf für royale Verhältnisse etwas Besonderes: Ein künftiger König erwarb – ganz privat – eine Immobilie, um dort sein Privatleben zu führen. Und dabei errichtete er nicht eine Niederlassung des Londoner Hofes, sondern ließ sich eher vom Lebensgefühl der Cotswolds leiten. Seine erste Frau Diana fühlte sich hier nie wirklich zu Hause. Camilla allerdings schon. Zum Lebensmodell des neuen Königspaars gehört es, dass Camilla, nur wenige Kilometer entfernt, ein eigenes Haus besitzt. Bereits 1995 hatte Camilla, kurz nach der Scheidung von ihrem ersten Ehemann Andrew Parker Bowles, 83, das Anwesen erworben – für 850.000 Pfund (damals rund zwei Millionen Mark). Auch Camilla entschied sich, ein Leben in den Cotswolds zu führen. Einer Region, die gut zu ihr und Charles passt.

Der Camilla-Charles-Cotwolds-Kosmos ist am besten mit einem Namen und einer Region beschrieben: Jilly Cooper, eine heute 86-jährige Bestseller-Autorin, die sich nicht unweit der privaten Residenzen von König Charles in Highgrove und Camilla, in ihrem Landhaus Ray Mill in der Grafschaft Wiltshire, niedergelassen hat. Cooper gehörte bereits 2004 zu den – damals noch wenigen – bekennenden Freunden von Camilla und Camilla zu den Cooper-Leserinnen. Wie Camilla hat Cooper zwei Kinder, und ihre Romane „Riders“ und die in mehreren Büchern veröffentlichten „Rutshire Chronicles“ zeigen das gehobene Landleben, stets mit enger Verbindung zur Pferde- und Reiterszene, stets angesiedelt im gehobenen Milieu, voller Ränkespiele, amouröser Verwicklungen und jeder Menge englischen Landlebens – das Ganze ein bisschen „Red Hot“ (also ziemlich erotisch). Eigentlich geht jeder mal irgendwo fremd, im Pferdestall, nach der Dinnerparty, gern mal mit dem Nachbar, der zwei Hügel weiter wohnt, oder der alten Jugendliebe. Die erste Ehe von Camilla mit ihrem Ex-Mann Andrew Parker Bowles, die nach 22 Jahren mit einer Scheidung endete, war zwar real, hätte allerdings bestens in jeden Jilly-Cooper-Roman gepasst.

*Camilla und Charles verbindet auch die Liebe zur Natur. Hier sieht man Camilla 2006 stilsicher gekleidet auf einem Spaziergang.*

Passend dazu ist die Landschaft der Cotswolds, in der auch Jilly Cooper (ihr Haus liegt in der Grafschaft Gloucestershire) lebt. Geografisch gesehen, eine etwa 2000 Quadratkilometer große Hügellandschaft im Südwesten Englands, die durch sechs Grafschaften verläuft. Das gute, das schöne, das ländliche England, das jeder schon einmal gesehen hat, auch wenn er persönlich noch nicht da war. Beispielsweise in den Krimiserien „Agatha Raisin“ oder „Father Brown“, aus vielen Szenen der „Harry Potter“-Filme, der Jane-Austen-Verfilmung „Stolz und Vorurteil“ oder von vielen Außenaufnahmen der Serie „Downton Abbey“. Die Liste ließe sich endlos fortsetzen.

Die grünen Hügel der Cotswolds sind die Heimat eines sehr speziellen, sehr britischen Lebensgefühls. Klar, die Preise für hübsche Landhäuser sind entsprechend. Das Cotswolds-Leben findet entweder im (kleineren) Cottage oder im größeren „Manor House“, einer Art Schloss light, statt – moderne Archi-

*Zum 70. Geburtstag ließ sich Prince Charles auf seinem Lieblingslandsitz Highgrove fotografieren. Zum Beispiel am frühen Morgen beim Füttern seiner Burford-Brown- und Marans-Hühner.*

*Oben: Nach umfangreichen Renovierungsarbeiten zog Charles mit seiner frisch vermählten Frau Diana im Herbst 1981 nach Highgrove. Hier sieht man ihn 1986; Diana war nie ein großer Fan des Landlebens und wurde hier nie richtig heimisch. Unten: Als Prince of Wales arbeitete er häufig in den Gärten von Highgrove House. Auch dieses Bild ist Teil einer Serie, die 2018 anlässlich des 70. Geburtstages Seiner Königlichen Hoheit fotografiert wurde.*

*Obwohl sie seit 2005 mit König Charles verheiratet ist und Zugang zu allen königlichen Besitztümern hat, verbringt Camilla immer noch gern Zeit in ihrer privaten Residenz, dem Ray Mill House in Wiltshire.*

tektenvillen, die finanzkräftige Cotswolds-Neueinsteiger oft gern errichten wollen, sind selten und meist, wenn überhaupt, nur gegen erbitterten Widerstand der Cotswolds-Gralshüterinnen und -Gralshüter zu realisieren. Das klassische Cotswolds-Heim ist mit ererbten oder in bestens sortierten Antik-Centern erworbenen Holzmöbeln ausgestattet, mit jeder Menge Deko-Objekten (auch Fensterbretter machen hier Karriere), Ölgemälden und Stichen, die vorzugsweise entweder Ahnen, Pferde, Hunde oder Jagdszenen zeigen, schweren Vorhängen und bunten, gern floralen Möbelstoffen eingerichtet. Nicht fehlen dürfen auch Dutzende von Silberrähmchen mit Fotos von Familie, Freunden oder schönen Momenten. Wo es immer es geht, ist Teppichboden verlegt (leider oft auch auf Toiletten), die Wasserhähne in den Bädern liefern wechselweise eiskaltes oder kochend heißes Wasser. Da fast jedes Haus in irgendeiner Weise unter Denkmalschutz steht, ist es mit seinen traditionellen Hochschiebe-Fenstern und einfach verglasten Hintertüren eigentlich eine Einladung an selbst handwerklich unbegabte Einbrecher. Was die Polizei in dem zersiedelten, durch endlose kleine Sträßchen zwischen traditionellen Steinmauern und ökologisch wertvollen Hecken geprägten Gebiet nicht leisten kann, versucht die „Neighborhood Watch" (eine Art ehrenamtliche Sicherheitstruppe) durch freiwillige Patrouillen zu verhindern.

**Beide haben, auch 18 Jahre nach ihrer Hochzeit, ihre eigenen Häuser behalten**

Modern wirkende Coffeeshops und Boutiquen prägen vor allem das Ortsbild in den touristischen Hotspots wie Broadway, Bourton-on-the-Water oder Stow-on-the-Wold. Zu viel urbane Eleganz oder der tief liegende Sportwagen italienischer Provenienz sind „nuvuu", also „neureich", abgeleitet vom französischen Begriff „Nouveaux Riches". Das Cotswolds-Establishment bevorzugt geländegängige Fahrzeuge, SUV oder Kombi, idealerweise Land Rover oder Range Rover, Audi (wie Charles privat) oder bestenfalls einen schwedischen Hersteller. Beim Dresscode kommt es auf die richtigen Gummistiefel wie Hunter, Aigle oder Le Chameau (trägt z. B. Kate) an, dazu Wachsjacken, Tweed, Cord und dicke Wollpullover. Für das gesellschaftliche Abendprogramm dann ein bisschen Kaschmir und – immer angesagt – vor allem für Herren im fortgeschrittenen Alter Nadelstreifenanzüge. Ganz wichtig: die entsprechende Patina. Lieber mal ein Mottenlöchlein als ein vergessenes Preisetikett. Zu neue Gummistiefel, zu makellose Tweedjacketts wecken das Misstrauen, dass sich hier jemand nur als Cotswolds-People verkleidet haben könnte. Ein Hermès-Tuch als Accessoire ist bei Damen immer willkommen, allerdings ausschließlich mit traditionellem Pferde- und Jagdmuster, gern auch ererbt oder als Vintageobjekt in einem der in jedem Ort zu findenden Charityshops erworben. Fast müßig zu sagen, dass die Wahlkreise und Lokalparlamente von Konservativen mit (Unterhaus) oder ohne (Gemeinderat) Parteibuch dominiert sind, maximal der passende Kandidat der „Lib Dem" (eine Art britische FDP) kann sich eine Außenseiterchance ausrechnen. Und auch in der gut-britischen Idylle wird fremdgegangen, auch mal das Vermögen verzockt – darüber wird auch gern gesprochen, allerdings in einer bewundernswerten Gelassenheit. Durch die Cotswolds weht ein Geist von neokonservativer britischer Gelassenheit, der nicht – wie lange in vielen anderen ländlichen Gegenden – durch ein ständiges Betrauern des in den Grüften der Geschichte verschwundenen Empires und seines Geistes geprägt ist.

Übrigens: Die Bekenntnisse von Windsor-Aussteiger Prince Harry über den „Verlust seiner Unschuld" spielen – natürlich – in den Cotswolds, und die Auserwählte war damals auch noch ein Stallmädchen. Jilly Cooper hätte es nicht besser erdenken können …

Ideale Rückzugsorte für Charles und Camilla. Das besondere Element: Beide haben, auch 18 Jahre nach ihrer Hochzeit, ihre eigenen Häuser behalten. Auch wenn rund 30 000 Besucher (nur nach Voranmeldung) im Jahr die Gärten von Highgrove besichtigen dürfen, ist hier der Ort, an dem Charles viel Zeit mit Camilla verbringt – und gelegentlich auch ohne. Denn Camilla zieht sich gern nach Ray Mill zurück, wenn ihre Kinder und Enkelkinder oder Freundinnen und Freunde kommen. Hier geht es recht entspannt und manchmal auch fröhlich-laut zu. Charles hingegen gilt als ausgesprochen pedantisch, wenn es um Ordnung und Sauberkeit im Haus geht, und schätzt seine Ruhe, wenn er Aquarelle malen, Texte oder Bücher schreiben will. Die zeitweilige Trennung ist nach einer rund 15-minütigen Autofahrt überwunden – in dem unübersehbaren Netz winziger Straßen, die die Cotswolds durchziehen, meist von der Öffentlichkeit vollkommen unbemerkt. Die Anwesenheit des heutigen Königspaars hat diese Region in keiner Weise verändert. Charles und Camilla haben das Lebensgefühl der Cotswolds übernommen – und nicht die Cotswolds selbst, was sonst im Umfeld royaler Residenzen stets passierte. Als wohl erstes Königspaar, das sich privat sein eigenes, fast bürgerliches Refugium geschaffen hat. *

*Prince Charles 1980 bei einem Besuch in Nepal. Seit vielen Jahren setzt er sich für den Schutz des Himalaya-Gebirges ein.*

HÄTTEN SIE'S GEWUSST?

# EIN MANN MIT VIELEN INTERESSEN

30 faszinierende Fakten über den neuen britischen König, der mehr als 70 Jahre auf seinen Einsatz gewartet hat. Von seiner Vorliebe für alternative Medizin bis hin zu seinen Fähigkeiten beim Fliegenfischen. Lehnen Sie sich zurück, genießen Sie eine Tasse Tee und tauchen Sie ein …!

*Eindeutig der junge Charles. Langeweile? Nicht, solange es Bücher gibt.*

1 Vier Wochen nach seiner Geburt am 14. November 1948 wird Charles Philip Arthur George im Musikzimmer des Buckingham Palace vom Erzbischof von Canterbury mit Wasser aus dem Jordan getauft. Zu den Paten an diesem 15. Dezember gehören seine Urgroßmutter Königinmutter Mary, König Georg VI., Prinzessin Margaret, der norwegische König Haakon VII. und sein Großonkel Sir David Bowes-Lyon.

2 Im Jahr 1967 schreibt sich Prince Charles am Trinity College in Cambridge für Archäologie und Anthropologie ein. Außerdem, wichtig für einen zukünftigen König, belegt er Kurse in Geschichte, Wirtschaft und Politikwissenschaft. Im Jahr 1970 wird ihm der Bachelor of Arts verliehen, 1975 schließt er sein Studium mit dem Master of Arts ab.

3 Den Titel Prince of Wales, den seit dem 14. Jahrhundert traditionell der britische Thronfolger trägt, erhält Charles bereits mit zehn Jahren. Die feierliche Zeremonie der Amtseinführung findet allerdings erst elf Jahre später statt. Für die Feierlichkeiten kommen der Cambridge-Student, weitere Mitglieder seiner königlichen Familie und andere Würdenträger im Juli 1969 auf Schloss Caernarfon in Wales zusammen.

4 Charles ist musisch begabt: Er spielt Cello und Trompete und singt durchaus passabel. Bereits als Teenager sieht man ihn bei mehreren Gelegenheiten öffentlich Cello spielen, bei königlichen Veranstaltungen greift er auch mal zur Trompete. Auf seiner schottischen Privatschule Gordonstoun School singt er im internatseigenen Chor, Stimmlage Tenor.

5 Bekannter als seine musikalischen Talente ist Charles' Liebe zur Malerei, er gilt als begabter Hobbykünstler – und bleibt bodenständig: Er hat sich auf Landschaftsmalerei spezialisiert und malt, was er kennt. Seine bevorzugten Motive sind Szenen aus den schottischen Highlands und anderen Teilen des Vereinigten Königreichs und Europas. Darüber hinaus hat er Familienmitglieder porträtiert, darunter seine beiden Söhne Prince William und Prince Harry sowie seine Enkelkinder.

6 Literatur ist eine weitere Leidenschaft von Charles. Er liest viel und schreibt sogar selbst: Während der langen Zeit als Thronfolger hat er mehrere Bücher zu Themen verfasst, die ihm am Herzen liegen. Heute ließe sich das mit seiner Rolle als König nicht mehr vereinbaren. Vier Bücher aus dem Charles-Universum sind „A Vision of Britain: A Personal View of Architecture" (1989): Charles präsentiert seine persönliche Meinung zu Architektur und Städteplanung in seiner Heimat und wirbt für seine Überzeugung, dass traditionelle und nachhaltige Bauweisen erhalten und gefördert werden sollten. „Der alte Mann von Lochnagar" (1980): In diesem Kinderbuch erzählt Charles die Geschichte eines Mannes, der in einer Berghöhle in den schottischen Highlands lebt. „Harmonie: Eine neue Sicht unserer Welt" (2010): ein durchaus politisches Buch. Charles erörtert seine Ansichten über Nachhaltigkeit und die Notwendigkeit eines ausgewogenen Verhältnisses zwischen Mensch und Natur. „Climate Change: A Ladybird Expert Book" (2017): Als Teil der Ladybird-Expertenreihe hat der damalige Prince Charles dieses Buch über den Klimawandel mitverfasst, das einen zugänglichen und informativen Überblick über das Thema bietet.

7 Kann man gleichzeitig Autos lieben und die Umwelt schützen wollen? Charles versucht es. Sein alter Aston Martin fährt mit Bio-Ethanol, das aus Wein und Molke hergestellt wird. Andere Fahrzeuge seiner Sammlung ließ er auf Bio-Diesel umrüsten, der aus Speiseöl hergestellt wird. 2018 least er das erste Elektroauto für das britische Königshaus – einen Jaguar I-Pace in Loire Blue, einem dunklen Blauton, der auf den ersten Blick oder im Schatten schwarz wirkt. Falls Sie mit diesem Auto liebäugeln, halten Sie bitte mindestens 75.000 Euro bereit.

8 1990 gründet Prince Charles eine Produktlinie für Bio-Lebensmittel. „Duchy Originals", seit 2009 mit der Handelskette Waitrose verbandelt, zählt inzwischen zu den größten Bio-Food-Marken im Königreich. Neben Shortbread und Tee gehören beispielsweise auch pflanzliche Arzneimittel und sogar Porzellan zum Sortiment, alles aus biologischen Zutaten und nachhaltig hergestellt. Außerdem ist Charles an der Whiskymarke Barrogill beteiligt. Der von ihm ausgesuchte Blended Malt Scotch Whisky hat holzige und erdige, aber auch süße Noten. Für das Etikett malte Charles ein Aquarell vom Castle of Mey, das früher Barrogill Castle hieß. Seine Oma, Queen Mum, hatte es einst gekauft, renovieren lassen und als Urlaubssitz genutzt. Charles verbrachte dort lange Zeit ebenfalls regelmäßig ein paar Tage. Ansonsten ist es für die Öffentlichkeit zugänglich, Sie können ja mal vorbeischauen. Und, typisch Charles: Mit einem Teil des Verkaufserlöses von Barrogill-Whisky werden Projekte in Schottland unterstützt, darunter der Erhalt historischer Gebäude und ein nachhaltiger Tourismus.

9 Im Jahr 2013 wird bekannt, dass Charles sein Duchy-Originals-Mineralwasser in den Nahen Osten liefern lässt, wo es in Luxus-Supermärkten verkauft wird. Das wirft Fragen nach den Umweltauswirkungen des Transports und nach Charles' ökologischem Fußabdruck auf. Er wird hart kritisiert und der Heuchelei bezichtigt, weil er sich als Umweltschützer an solchen Geschäften beteiligt. Zu seiner Verteidigung sei gesagt: Die Gewinne aus dem Verkauf des Wassers gehen an seine wohltätige Stiftung, die Prince's Charities Foundation, die verschiedene Umwelt- und Sozialprojekte unterstützt.

10 Ob Charles sein Gemüse tatsächlich ausschließlich mit dem königlichen Mineralwasser dünsten lässt, kann niemand sicher sagen, da dieses Gerücht weder vom König noch vom höfischen Personal oder seiner Pressestelle bestätigt wurde. Gleiches gilt für die Behauptung, dass er sich jeden Tag sieben gekochte Eier servieren lässt und das mit der leckersten Dotterkonsistenz auswählt. Was allerdings stimmt, da Charles es selbst kommuniziert hat: Er spricht mit Pflanzen, um ihnen beim Wachsen zu helfen.

11 Was seine Essgewohnheiten betrifft, sind sich alle Quellen einig, dass Charles sich streng biologisch und nachhaltig ernähre, außerdem habe er eine besondere Vorliebe für selbst angebautes Gemüse und Obst. An zwei Tagen pro Woche isst er vegetarisch, an einem verzichtet er auf Milchprodukte. Außerdem ist bekannt, dass er nur ein leichtes Frühstück zu sich nimmt und manchmal das Mittagessen auslässt und sich stattdessen für einen Snack oder einen Nachmittagstee – Darjeeling mit Honig und Milch – entscheidet.

*Während Gleichaltrige das Swinging London feiern, übt Charles 1967 in seinem Zimmer an der Cambridge University Cello. Unten links: Beim Besuch in Brasilia 1978 denkt er schon ökologisch und begutachtet Saatpflanzen. Rechts: Landschaftsmalerei zählt bis heute zu seinen Hobbys.*

*Da können sich zwei das Lachen nicht verkneifen: Im Juli 1985 in Windsor hat die Queen ihrem Sohn Charles soeben einen Polo-Preis überreicht.*

12 In einem Interview mit der britischen Wochenzeitung „The Telegraph" behauptet Charles 2011, ein Nachfahre von Vlad III. Draculea zu sein. Das Interview wird während seines Rumänien-Besuchs in der Zentralregion Siebenbürgen geführt, auch bekannt als Transsilvanien und Schauplatz vieler Vampirfilme. Charles spricht über seine Liebe zu der Region und ihrem kulturellen Erbe und enthüllt seine genealogische Verbindung zu Vlad III. Draculea. Alle Royal-Fans schrecken auf, doch das Ausmaß dieser genealogischen Verbindung und vor allem ihre Stimmigkeit werden von Historikern und Genealogen bestritten. Nichtsdestotrotz möchte die rumänische Regierung Charles als Anerkennung seiner Bemühungen zur Förderung des Tourismus und des Naturschutzes in dem Gebiet gern den Titel „Prinz von Siebenbürgen" verleihen, den der Prince of Wales höflich, aber entschieden ablehnt.

13 Grüne Ideen haben es in Großbritannien nicht leicht, darum ist Charles oft belächelt worden, seit er in den 1970er-Jahren begann, sich für ökologische Themen starkzumachen. Doch unverdrossen setzt er sich für ökologischen Landbau und eine nachhaltige Landwirtschaft ein. Er gründete The Prince's Countryside Fund, der britische Landwirte und ländliche Gemeinden unterstützt, sowie The Prince's Farm Resilience Programme, das Familienbetrieben hilft, nachhaltiger und besser zu wirtschaften. Zusätzlich zu seinen eigenen Initiativen engagiert sich Charles für Organisationen, die eine nachhaltige Landwirtschaft fördern, darunter die Soil Association und der Sustainable Food Trust. Und natürlich ist er Schirmherr des Rare Breeds Survival Trust, der für den Erhalt seltener Nutztierrassen kämpft. Als lautstarker Kritiker der industriellen Landwirtschaft spricht er sich gegen den Einsatz von chemischen Pestiziden und Düngemitteln aus. Seiner Meinung nach ist die ökologische Landwirtschaft nicht nur besser für die Umwelt, sondern bringt auch gesündere und schmackhaftere Lebensmittel hervor. Als König kann er seine Ansichten inzwischen zwar nicht mehr so unverblümt äußern, aber alle Royal Watcher sind überzeugt, dass er keinen Inch davon abrücken wird.

14 Im Jahr 2012 wird einem kleinen schwarz-orangenen Frosch aus dem ecuadorianischen Nebelwald eine besondere Aufmerksamkeit zuteil: Die seltene Froschart erhält den Namen Hyloscirtus princecharlesi oder Prince-Charles-Bachlaubfrosch. So wird der damalige Thronfolger während eines Besuchs im Mashpi Rainforest Biodiversity Reserve in Ecuador für sein Engagement für den Schutz des Regenwaldes geehrt. Die Entdeckung der Froschart war ein gemeinsamer Erfolg von Forscherteams aus Quito und London. Ein weiterer Frosch-Kollege aus der Hyloscirtus-Familie wurde übrigens erst im Februar 2023 entdeckt und nach „Hobbit"-Erfinder J. R. R. Tolkien benannt.

15 Dass Charles ein leidenschaftlicher Polospieler ist, weiß die ganze Welt. Seine Polokarriere überspannt vier Jahrzehnte, in denen er zahlreiche Turniere und Auszeichnungen gewonnen hat. Einer seiner größten Erfolge ist der Sieg seines vierköpfigen Teams beim prestigeträchtigen Queen's-Cup-Turnier im Jahr 1986. Charles' Team Les Diables Bleus besiegt die Mannschaft von Ellerston und holt den Pokal. Drei Tage nach seinem 57. Geburtstag habe er beschlossen, „in Würde, aber mit Bedauern" zurückzutreten.

16 Als renommierter Kunstsammler mit einem besonderen Interesse an moderner und zeitgenössischer britischer Kunst besitzt Charles eine persönliche Sammlung mit Werken einiger der bedeutendsten Künstler und Künstlerinnen des 20. und 21. Jahrhunderts. Dazu gehören die britischen Maler John Piper, Graham Sutherland und Walter Sickert sowie das Multi-Talent Grayson Perry, Bildhauerin Rachel Whiteread und Anish Kapoor, ebenfalls Bildhauer. Berichten zufolge besitzt Charles auch Werke des französischen Impressionisten Claude Monet und des niederländischen Malers Vincent van Gogh. Es heißt, Charles habe mehrere Millionen von Pfund für seine Sammlung ausgegeben, deren genauer Wert nie öffentlich wurde. Zu den teuersten Werken, die er erworben haben soll, gehören Bilder von David Hockney, die bei Auktionen zuverlässig zweistellige Millionen-Dollar-Preise erzielen.

*Im Oktober 1976 liegt die HMS Bronington im schottischen Firth of Forth: Drei Crewmitglieder salutieren, als ihr Kapitän Charles an Bord kommt. Kurze Zeit später beendete er seine Laufbahn bei der Royal Navy.*

17 „Hässlich" und „kastenartig": Charles ist bekannt dafür, dass er die moderne Architektur kritisiert, weil die Bauwerke seiner Ansicht nach weder den ästhetischen Reiz noch die historische Bedeutung traditioneller Gebäude erreichen. Mehrfach führt er öffentlich aus, welche negativen Folgen moderne Architektur auf die Umwelt haben kann, betont die Bedeutung traditioneller Architekturstile und -techniken und fordert eine stärkere Verwendung nachhaltiger Materialien und Techniken beim Bau von Gebäuden.

18 Alternative Medizin und ihr Einsatz neben der Schulmedizin sind Charles seit Langem ein Anliegen. Dafür wird er von einigen Seiten kritisiert: Er spreche sich für Behandlungen aus, deren Wirkung wissenschaftlich nicht belegt sei und möglicherweise schaden könne. Zum Beispiel die Homöopathie, eine Form der Alternativmedizin, die auf dem Konzept „Gleiches heilt Gleiches" beruht und extrem verdünnte Substanzen verwendet. Obwohl viele Menschen von der Wirksamkeit überzeugt sind, gibt es kaum wissenschaftliche Beweise dafür, und einige medizinische Experten halten Homöopathie für eine Pseudowissenschaft. Trotzdem bleibt Charles bei seiner Meinung und hat mehrere Initiativen gegründet, um die Alternativmedizin zu unterstützen. Dazu gehörte die Prince's Foundation for Integrated Health, die sich für eine Gesundheitsversorgung einsetzte, die konventionelle und alternative Behandlungsmethoden verbindet.

19 1971 tritt der junge Charles Windsor als Kadett in die Royal Navy ein und absolviert zunächst einen sechswöchigen Kurs am Royal Naval College Dartmouth. Danach dient er auf dem Lenkwaffenzerstörer HMS Norfolk und später auf der Fregatte HMS Minerva. Nach seiner Beförderung zum Leutnant führt ihn einer der wichtigsten Einsätze für die Königliche Marine 1973 in die Karibik, wo er an mehreren Patrouillenfahrten gegen Drogenschmuggler teilnimmt. Seine Laufbahn endet 1976, nachdem er das Kommando über den Küstenminenjäger HMS Bronington übernommen hat. Er befehligt das Schiff etwa zehn Monate, in denen es Fischereischutzaufgaben rund um die Britischen Inseln wahrnimmt.

20 Nur der französische „Sonnenkönig" Ludwig XIV. war länger im Amt: Mehr als 70 Jahre saß Queen Elizabeth II. auf dem Thron. Sie war nach dem Tod von George VI. am 2. Juni 1953 zur Königin des Vereinigten Königreichs Großbritannien und Nordirland gekrönt worden. Damit rückte ihr erstgeborener Sohn Charles Philip Arthur George in der Thronfolge an die erste Stelle – und wurde der am längsten amtierende direkte Thronfolger der britischen Monarchie. Seit dem Tod der Queen im September 2022 amtiert er als König Charles III. Seine offizielle Krönung erfolgt im Mai 2023. Allerdings streben mehrere Staaten des Commonwealth nach Unabhängigkeit von der britischen Krone. Durchaus möglich also, dass Charles' Königreich in absehbarer Zeit ein bisschen schrumpft.

21 Wie alle Kinder, auf die höhere Aufgaben warten, musste auch Charles Fremdsprachen lernen. Fast ebenso gut wie seine Muttersprache Englisch beherrscht er Französisch, und Latein konnte er zumindest zu Schulzeiten. Dass er so gut Deutsch spricht, perfekt mit nur leichtem Akzent, verdankt er einem Schulsemester in einem Schweizer Internat und seinem Vater: Prince Philip konnte Deutsch, weil sein Vater dem Haus Schleswig-Holstein-Sonderburg-Glücksburg entstammte (so lautete auch Philips Familienname bis zur Hochzeit mit Elizabeth im November 1947). Doch schon zuvor war die Sprache am britischen Hof wichtig, schließlich stammten viele Vorfahren aus dem deutschen Haus Sachsen-Coburg-Gotha, die königliche Familie nahm erst 1917, um sich mitten im Ersten Weltkrieg von den Deutschen abzugrenzen, den Familiennamen Windsor an, entlehnt vom Familiensitz Windsor Castle.

22 Seit März 1997 läuft im britischen Fernsehen die Krimiserie „Midsomer Murders". Einer ihrer größten Fans ist Charles, der prompt eine Einladung erhält und die Gelegenheit ergreift, die Dreharbeiten zu besuchen. Die Serie spielt in der fiktiven Grafschaft Midsomer im Süden der Britischen Inseln, wo Detective Chief Inspector Tom Barnaby und sein Team zwischen idyllischen Dörfern und beäugt von deren oft skurrilen Bewohnern seit mittlerweile 23 Staffeln

Mordfälle lösen. Wer mitraten möchte, findet „Inspector Barnaby“, so der deutsche Titel, auf mehreren Streaming-Portalen.

23 Auch die action-geladene „James Bond“-Reihe hat es Charles angetan, er soll sogar eine Sammlung von „Bond“-Memorabilien besitzen. Im Jahr 1987 besucht er die Dreharbeiten zu „Der Hauch des Todes“ und unterhält sich mit den Darstellern und der Crew, natürlich vor allem mit Timothy Dalton, einem gebürtigen Waliser, der in diesem Film James Bond spielt (jedoch nur noch ein weiteres Mal zum Einsatz kam). Fast schon traditionell besuchen Mitglieder der königlichen Familie die Londoner „Bond“-Premieren: 1985 trifft Charles Roger Moore bei der Erstaufführung von „Im Angesicht des Todes“, 2002 Pierce Brosnan bei „Stirb an einem anderen Tag“ und 2008 Daniel Craig bei der Premiere von „Ein Quantum Trost“ sowie 2021 bei „Keine Zeit zu sterben“.

24 Man glaubt es kaum, aber Charles, ein Fan der traditionellen schottischen Musik und Kultur, spielt tatsächlich Dudelsack. Das als sehr schwierig berüchtigte Instrument erlernte er auf der Gordonstoun School in Schottland, die den Dudelsack als wichtiges Kulturgut einstuft und alle Schülerinnen und Schüler ermuntert, es zu lernen.

25 Lachs und Forelle gefallen Charles nicht unbedingt auf dem Teller, aber am Angelhaken: Der begeisterte Fliegenfischer wirft auf seinen Reisen gern die Rute aus. In Schottland sieht man ihn regelmäßig am Dee, wo er eine Fischerhütte besitzt, auch am Tweed und am Spey tauchte er schon auf. Es existiert ein Foto aus Island, auf dem er mit einem 28 Pfund schweren Lachs posiert, den er danach in den Fluss entließ. Grundsätzlich lässt er seinen Fang wieder frei, um die Fischpopulation zu erhalten. In Deutschland ist dieses Catch and Release genannte Angeln verpönt, weil es nur dem Spaß des Menschen dient und die Fische unnötig verletzt und gestresst werden.

26 „Ich gehöre zu den Personen, die zufällig die Reinkarnation von etwas anderem sind“, hat Charles mal in einem Interview gesagt – leider ohne näher darauf einzugehen, was genau er damit meint. Die etwas kryptische Bemerkung legt zumindest nahe, dass er der Idee der Reinkarnation aufgeschlossen gegenübersteht. Gesichert ist zumindest sein Interesse an fernöstlichen spirituellen Traditionen, in denen der Glaube an die Reinkarnation häufig fest verankert ist und eine zentrale Bedeutung hat.

27 Clarence House, Highgrove House und Birkhall, neuerdings auch Balmoral Castle, Schloss Windsor und der Buckingham Palace: Wer mehrere Wohnsitze bzw. Immobilien hat, braucht natürlich viele Möbel. Charles besitzt eine umfangreiche Sammlung antiker Stücke, darunter englische Möbel aus dem 18. Jahrhundert, chinesische Keramik und islamische Kunst. Außerdem sammelt er Werke zeitgenössischer Möbeldesigner wie John Makepeace und David Linley. Zu seinen Lieblingsstücken gehören ein Mahagonischreibtisch aus dem 18. Jahrhundert, ein Paar chinesische Porzellanvasen aus dem 17. Jahrhundert und ein Satz Regency-Stühle. Seit dem Tod seiner Mutter werden einige der Häuser neu genutzt, ein paar Royals sind schon umgezogen. Charles und Camilla bleiben vorerst in Clarence House wohnen.

*Charles liebt das Angeln – und lässt alle Fische wieder frei. Hier marschiert er im April 1995 am Ufer des Dee entlang, der an Balmoral Castle vorbeifließt, dem Sommersitz der Queen.*

28 Falls Sie sich fragen, wieso Charles' Terminkalender ständig überquillt: Der König ist Schirmherr von mehr als 400 Wohlfahrtsverbänden und Organisationen, allen voran sein eigener, 1976 gegründeter The Prince's Trust, der junge Leute zwischen 11 und 30 Jahren unterstützt. Noch ein paar Beispiele: das Königliche Opernhaus, die britische Rotkreuz-Gesellschaft, die Königliche Shakespeare-Gesellschaft, die Königliche Gesellschaft für Vogelschutz, der National Trust für Schottland, die Nationalgalerie, die Britische Herzstiftung, die United World Colleges.

29 Schon sein ganzes Leben lang besucht er regelmäßig Gottesdienste: Charles ist nicht nur ein gläubiger Anglikaner, sondern inzwischen zugleich der oberste Statthalter der Kirche von England, ein Amt, das der britische Monarch innehat, seit im 16. Jahrhundert unter Heinrich VIII. die Abspaltung von der römisch-katholischen Kirche erfolgte. Charles spricht gern über die Bedeutung des Glaubens in seinem Leben und auch über die Rolle der Religion in der Gesellschaft. Auf Auslandsreisen besucht er oft Kirchen, Moscheen und Tempel anderer Glaubensrichtungen. Darüber hinaus engagiert er sich in zahlreichen Initiativen und Organisationen, die den interreligiösen Dialog und die Verständigung fördern, darunter das Oxford Centre for Islamic Studies.

30 Immer wieder werden Charles im Laufe der Jahrzehnte rund um den Globus viele Ehrentitel und Auszeichnungen angetragen, von denen er einige durchaus annimmt und sich oftmals auch in der entsprechenden Landestracht kleidet (die Fotos dieser Festlichkeiten sorgen in Europa gern für Schmunzeln): In Neuseeland verleiht ihm das Volk der Maori den Ehrentitel Tumuaki, was so viel wie Häuptling oder Anführer bedeutet. In Australien wird er für sein Engagement für die Rechte der Ureinwohner geehrt (aber, im Gegensatz zu seiner Mutter, nach seiner Krönung nicht auf den neuen 5-Dollar-Geldscheinen zu sehen sein). In Papua-Neuguinea ernennen die Einwohner des Dorfes Vunapope Charles zum High Chief. In Brasilien erhält er den Orden Kreuz des Südens, die höchste zivile Auszeichnung des Landes, als Anerkennung seiner Arbeit zur Förderung des Umweltschutzes und der nachhaltigen Entwicklung. In Schottland trägt der Prinz den Ehrentitel Lord of the Isles, der auf das Mittelalter zurückgeht und seine Rolle als Vertreter des Monarchen in der Region kennzeichnet. *

*Zwei Männer im Dienst Ihrer Majestät: Prince Charles besucht im Juni 2019 Daniel Craig und das „James Bond"-Team in den Filmstudios. Unten freuen sich Charles und sein Sohn William im Mai 2004 über Ayrshire-Rinder auf der Duchy Home Farm, die zum Anwesen Highgrove gehört.*

*Bei seiner Ernennung zum Hüter der Grünanlage: King Charles III. im November 2022 unter einer der gewaltigen Eichen im Windsor Great Park. Das Styling: wie immer perfekt!*

OLD-MONEY-ÄSTHETIK

# DER POSTERBOY NEU VERSTANDENER NACHHALTIGKEIT

Löchrige Socken, geflickte Anzüge, zerschlissene Schuhe: Die vermeintlichen Makel in der Garderobe von King Charles III. zeigen, dass er Ressourcen schonen will – aber auch den Standesdünkel der britischen Oberklasse

Text: Clark Parkin

Für Liebhaber britischer Schneiderkunst war der Deutschlandbesuch von König Charles III. im März eher eine Enttäuschung. Hatte der Monarch doch über Jahrzehnte dem etwas antiquierten, zwischenzeitlich aber wieder hochaktuellen, zweiteiligen Anzug mit Spitzrevers mit einer stoischen Unbeirrbarkeit die Stange gehalten, sah man ihn in Berlin plötzlich in einem einreihigen, dunkelblauen Nadelstreifenanzug, nicht anders, als ihn heute Politiker oder auch seine beiden Söhne tragen.

Gern hätte man den König in einem seiner vielen Zweireiher von seinem Lieblingsschneider Anderson & Sheppard gesehen, für deren leicht abfallende Schulter er jahrzehntelang die perfekte Figur besaß. Er kombiniert diese Anzüge in Grau- oder Blautönen gern mit Krawatten und Einstecktüchern in zarten Pastellfarben, die seinem rosigen Gesicht schmeicheln. Den Anzügen hält Charles, wie jüngst in der britischen Presse dokumentiert, so lange die Treue, dass sie auch schon mal gestopft und mit Flicken versehen ausgeführt werden.

Auch seine Hemden der Marke Turnbull & Asser trägt er, bis die Kragen leicht aufgescheuert sind, seinen zweireihigen Wintermantel mit Fischgrat schon seit 1986, wie man auf Bildern über die Jahrzehnte sehen kann. Den festlichen Anzug, seinen grauen morning coat (auch von Anderson & Sheppard), in dem er 2018 Meghan Markle zum Altar führte, trug er schon 1999 zur Hochzeit seines Bruders Edward mit Sophie, Herzogin von Edinburgh, und seit 1984 immer wieder in Ascot. Auch deswegen wurde Charles zum Posterboy einer neu verstandenen Nachhaltigkeit.

Und dieser Umgang mit der eigenen Garderobe passt perfekt zu Themen, mit denen er sich seit Jahrzehnten beschäftigt. Die oft belächelte Liebe zur traditionellen Architektur, die von ihm begütesiegelten Biokekse, sein liebevoll gepflegter Garten in Highgrove, das ganze, oft als schrullig verkannte Bemühen, Altes und Schönes zu erhalten. Zu seinem Outfit zur Hochzeit seines Sohnes Harry wurde er von der „Vogue" gefragt, ob er erwogen hätte, sich einen neuen Anzug schneidern zu lassen. Die Antwort: „Ich habe darüber nachgedacht. Aber im Fall dieses speziellen morning coats trage ich ihn nur ein paarmal im Jahr, im Sommer." Er trage seine Sachen eben, solange er noch reinpasse. Und weiter: „Ich gehöre zu den Menschen, die es hassen, etwas wegzuwerfen. Daher lasse ich sie lieber pflegen, notfalls sogar flicken, bevor ich sie wegwerfe."

Manchmal scheinen die Bediensteten von Charles jedoch nicht so schnell mit dem Stopfen seiner Garderobe hinterherzukommen, wie bei dem Besuch einer Moschee in London Anfang Februar zu sehen war. Als der König seine Schuhe auszog, hatte eine seiner Socken ein Loch. Das war auch dem damaligen Weltbankchef Paul Wolfowitz 2007 in der Türkei passiert. Bei Charles führte der Auftritt jedoch zu ganz eigenen Interpretationen.

Der „Daily Telegraph" sah darin das diskrete Klassenbewusstsein des Königs. Unter der Schlagzeile „Löchrige Socken und andere Merkmale einer Upper-Class-Garderobe" wurde erläutert, dass der Inhalt des Kleiderschrankes so alt sein sollte wie das Familienwappen.

„Die Aristokratie kauft gute Kleidung und trägt sie dann zu Tode, egal ob es sich um maßgeschneiderte Anzüge oder Schuhe handelt", sagt dazu der britische Herrenschneider Jeremy Hackett. „Obwohl sie ungepflegt aussehen mögen, war das, was sie tragen, die beste erhältliche Qualität, als es angefertigt wurde." Kleidung, die zu neu aussieht, gilt in den besseren Kreisen offenbar als unfein. Der kleine Flicken am grauen Lieblingszweireiher des Königs gerät so zum Mittel der Distinktion.

So wie der Akzent, der den feinen Ohren der britischen Gesellschaft sofort jeglichen Stand oder Herkunft manchmal bis hin zum richtigen Internat verrät, sind solche Regeln in keiner Stilbibel zur perfekten Garderobe eines Gentleman erfasst, weil man sich den „Look" nicht einfach so zulegen kann.

In besseren Kreisen gilt schon ein TV-Pocket-Square, also ein gerade gefaltetes Einstecktuch, als Indiz einer weniger elitären Herkunft. Der Kenner trägt sein Einstecktuch wie eine Wolke drapiert ohne sichtbare Ecken. Nur dem verstorbenen Duke of Edinburgh hat man seine geraden Einstecktücher nachgesehen. Gern mit der Erklärung versehen, er sei ja schließlich Grieche gewesen.

Eine denkwürdige Gelegenheit, diese kleinen Unterschiede aus der Nähe zu studieren, bot 2012 ein Empfang des damals noch Prinzen von Wales im St. James's Palace in London, bei dem er eine heute noch viel zitierte Rede zu seiner Stil-Philosophie hielt.

Als Dresscode wurde auf der Einladung um einen „Lounge Suit" gebeten, also einen klassischen Tagesanzug, wie man ihn im Geschäftsleben trägt. Daran wollte sich die geladene Modewelt jedoch nur bedingt halten und konnte der Versuchung nicht widerstehen, sich für eine royale Einladung in einen Palast etwas zu sehr rauszuputzen. Prince Charles' gut eingetragener blauer Zweireiher mit hellblau gesteiftem Hemd und Paisley-Krawatte wirkte dagegen ernüchternd beiläufig für eine Modeveranstaltung. Seine sichtlich schon etwas ausgelatschten schwarzen Schuhe von John Lobb hatten bereits 43 Jahre auf dem Buckel, wie am nächsten Tag in der Zeitung stand. Mit ihrem brüchigen, aber auf Hochglanz polierten Leder wirkten seine Schuhe wie eine Unterstreichung seiner Rede.

Er habe 63 verdammte Jahre gebraucht, eine Modeikone zu werden und sich über die Jahre von den Best-dressed-Listen zu den Worst-dressed-Listen und zurück geschleppt, erklärte der Prinz, er sei so etwas wie die „stehen gebliebene Uhr der Mode, die alle 25 Jahre die richtige Zeit anzeigt".

Schon damals ermahnte er die anwesenden Designer zur Verwendung britischer Wolle, die so wichtig für das Überleben der Farmer und schließlich die Landschaftspflege des Königreichs seien. „Wolle fängt auch nicht so leicht Feuer", ergänzte er noch sehr eindringlich, und irgendwie fühlte man sich gedanklich an den Kamin eines jener zugigen britischen Schlösser ohne Zentralheizung versetzt – den vielleicht letzten Orten, für die ein Tweed-Sakko noch unerlässlich ist, um am Rücken nicht zu frösteln.

Mit verschiedenen Initiativen fördert der König seit Langem die Bewahrung alter Berufszweige, die in einer globalisierten Welt unrentabel geworden sind, und besuchte beispielsweise die Ausbesserungsabteilung für alte Jacken bei Barbour. Ein andermal versuchte er, jungen Auszubildenden in einem seiner Projekte die Eröffnung eines Flick- und Stopfdienstes als zukunftsfähige Business-Idee schmackhaft zu machen.

In einem Land, in dem nach dem Brexit die Lieferketten zusammenbrechen, vielleicht keine schlechte Idee. Charles hat aus seiner Abscheu vor der Wegwerfgesellschaft nie einen Hehl gemacht, hat sich früh für biologischen Anbau eingesetzt und wurde dafür anfangs belächelt. Heute wird Charles deshalb gerade von der Jugend als Vorreiter einer Bewegung wiederentdeckt.

Parallel dazu hat sich aus Charles' alten Upper-Class-Tugenden ein neuer Modetrend entwickelt. Unter dem Titel „Ihre makellose Hermès-Tasche sieht für manche ordinär aus" erklärte die „New York Times" gerade, warum eine „Birkin Bag" deutliche Tragespuren und besser noch eine Generationen übergreifende Geschichte aufweisen sollte, um damit nicht als geschmacklose Neureiche zu gelten. Eine sichtbar gebeutelte „Birkin" sei der beste Weg, sich über den mit der Tasche verbundenen Status hinweg- und von den Kardashians dieser Welt abzusetzen. Auch das „Wall Street Journal" beschrieb gerade das Phänomen einer „Old-Money-Ästhetik", die mit Bildern aus der Sloane-Ranger-Phase der jungen Diana Spencer und dem passendem Hashtag #oldmoney Anfang Mai auf TikTok mit 566 Millionen Aufrufen trendete.

Eine zeitlose Mode ohne sichtbare Logos oder wiedererkennbare Statussymbole, eine Art normcore der Oberschicht, die dann natürlich auch wieder ein Statussymbol ist. Charles' demnächst vermutlich sichtbar gestopfte Socken wirken in diesem Kontext wie ein Erkennungszeichen eines Insiderstils, der perfekt in die Zeit passt und für den ein Zuviel an Anstrengung immer schon Zeichen mangelnder Coolness war. *

ZU BESUCH IN DEUTSCHLAND

# 21 SALUTSCHÜSSE FÜR EINEN KÖNIG

Großbritanniens neuer König Charles III. und seine Frau Camilla sind mit militärischen Ehren zu ihrem Staatsbesuch in Deutschland empfangen worden. Für den Monarchen ist es die erste Auslandsreise in seiner neuen Rolle – Hier die Rede Seiner Majestät König Charles III. vor dem Deutschen Bundestag

Sehr geehrter Herr Bundespräsident,
sehr geehrte Frau Bundestagspräsidentin,
meine sehr verehrten Damen und Herren,
es ist eine große Ehre, heute bei Ihnen zu sein. Meiner Frau und mir bedeutet es sehr viel, dass wir auf meiner ersten Auslandsreise als König nach Deutschland eingeladen wurden. Und vor allem, dass ich hier sprechen darf, um das Bekenntnis zur Freundschaft unserer Länder zu erneuern.

Es gibt kaum einen besseren Ort dafür als dieses Gebäude, dessen Steine die Geschichte des 20. Jahrhunderts erzählen. Es demonstriert selbst, was unsere beiden Länder verbindet: 1933 in Brand gesetzt, 1945 schwer beschädigt, wurde es in den 90er-Jahren von einem britischen Architekten zum Parlament des wiedervereinigten demokratischen Deutschlands umgebaut. Die ikonische Glaskuppel ist ein Symbol für die Transparenz und Rechenschaftspflicht des Parlaments. Von hier aus können die Bürgerinnen und Bürger ihren Politikern tatsächlich bei der Arbeit zusehen. Gelebte Demokratie!

Meine Frau und ich durften bereits im November 2020, anlässlich des Volkstrauertags, hier im Bundestag zu Gast sein.

Es war mir sehr wichtig, 75 Jahre nach dem Zweiten Weltkrieg an der Seite der Deutschen aller Opfer von Krieg und Tyrannei zu gedenken und als erstes Mitglied meiner Familie an dieser bewegenden Gedenkfeier teilzunehmen.

Ihre Einladung damals zeigt, wie weit das Vereinigte Königreich und Deutschland auf dem Weg der Freundschaft und des Friedens gekommen sind. Sie, Herr Bundespräsident, haben dies schon 2018 so eindrucksvoll bewiesen, mit Ihrer Teilnahme am Gedenken zum 100. Jahrestag des Endes des Ersten Weltkriegs in London.

Es erfüllt mich heute mit besonderem Stolz, wieder bei Ihnen zu sein, jetzt als König, und die Bande der Freundschaft zwischen unseren Ländern zu erneuern.

Diese Freundschaft hat meiner geliebten Mutter, der verstorbenen Königin, viel bedeutet. Sie hat oft gesprochen über ihre 15 offiziellen Besuche in Deutschland, unter denen auch fünf Staatsbesuche waren.

Der erste im Jahr 1965 fand in einer Zeit statt, in der der Kontinent noch von tiefen Narben des Krieges und dem Trauma des Konflikts geprägt war. Meine Mutter gehörte der Kriegsgeneration an, und wie mein Vater hatte sie in Uniform Dienst getan. Dass die elftägige Deutschlandreise meiner Eltern sich als entscheidender Moment in der Versöhnung zwischen unseren Nationen erweisen sollte, hatte daher für beide große persönliche Bedeutung.

Meine Mutter wusste, welch enorme Errungenschaft diese Versöhnung bedeutete, und mit ihren vielen Besuchen in Deutschland wollte sie ihren Beitrag dazu leisten. Vielleicht ist das der Grund, warum sie sich einen besonderen Platz im Herzen der Deutschen eroberte.

Meine Familie und ich waren zutiefst berührt von der Reaktion Deutschlands nach dem Tod meiner Mutter. Die Beileidsbekundungen aus dem Bundestag, das Brandenburger Tor in den Farben des Union Jack und die vielen Tausend Einträge in Kondolenzbücher im ganzen Land – all das war uns in den Zeiten der Trauer ein großer Trost. Im Namen meiner gesamten Familie danke ich Ihnen von ganzem Herzen für die außerordentliche Anteilnahme der Menschen in Deutschland.

* * *

Herr Bundespräsident, Frau Bundestagspräsidentin,
seit ich das letzte Mal hier gesprochen habe, ist die Geißel des Krieges zurück in Europa. Der Angriffskrieg gegen die Ukraine hat unvorstellbares Leid über so viele unschuldige Menschen gebracht. Zahllose Leben wurden zerstört; Freiheit und Menschenwürde wurden brutal mit den Füßen getreten. Die Sicherheit Europas ist ebenso bedroht wie unsere demokratischen Werte.

Aber: Die Welt hat nicht tatenlos zugesehen. Wir sind erschüttert von der furchtbaren Zerstörung. Aber wir können Mut schöpfen aus unserer Einigkeit – zur Verteidigung der Ukraine, des Friedens und der Freiheit.

Deutschland und das Vereinigte Königreich haben eine wichtige Führungsrolle übernommen. Als größte europäische Geber für die Ukraine haben wir entschlossen reagiert und Entscheidungen getroffen, die früher vielleicht unvorstellbar gewesen wären. Der Entschluss Deutschlands, der Ukraine so große militärische Unterstützung zukommen zu lassen, ist überaus mutig, wichtig und willkommen.

Unsere Piloten fliegen gemeinsame Einsätze im Luftraum unserer baltischen Partner. Hier in Deutschland haben unsere Armeen ein gemeinsames Pionierbrückenbataillon aufgestellt, das ich heute Nachmittag besuchen werde.

Deutschland ist das einzige Land weltweit, mit dem das Vereinigte Königreich eine solche gemeinsame Einheit unterhält – ein außerordentlicher Beweis für unsere Partnerschaft.

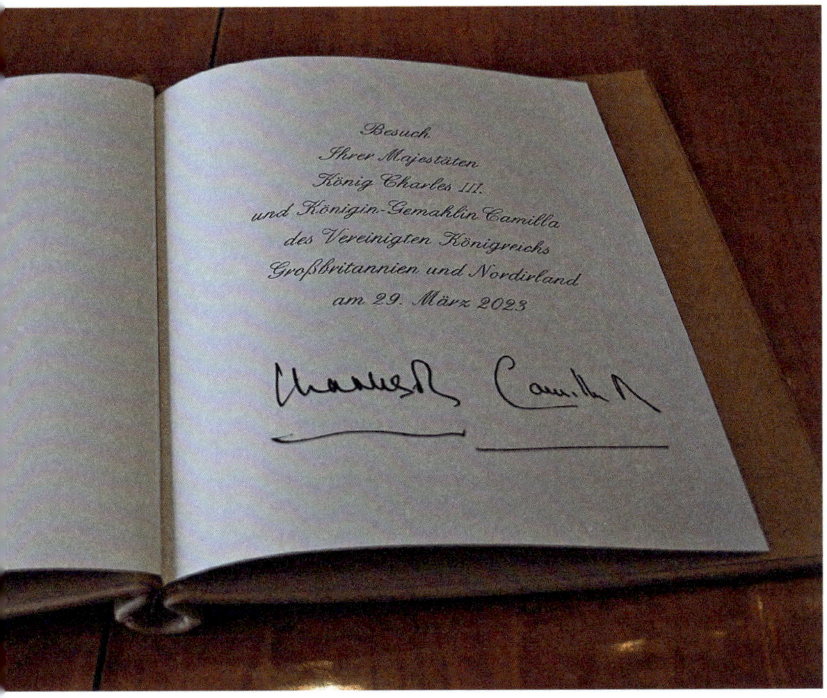


*Ganz oben: Der britische König Charles III. (2. v. r.) und die britische Königin Camilla (2. v. l.) posieren während einer Begrüßungszeremonie mit dem deutschen Bundespräsidentenpaar Frank-Walter Steinmeier (r.) und Elke Büdenbender am Brandenburger Tor in Berlin. Charles und Camilla besuchen Deutschland vom 29. bis zum 31. März 2023. Oben: Die Unterschriften des britischen Königs Charles III. und der britischen Königingemahlin Camilla sind im Gästebuch des Bundespräsidenten im Schloss Bellevue in Berlin zu sehen. Rechts: Der britische König bekommt während seines Besuchs auf einem Biobauernhof in Brandenburg am zweiten Tag des Staatsbesuchs eine Torte in Form einer Krone überreicht.*

*König Charles III. spricht vor Mitgliedern des Deutschen Bundestages im Reichstagsgebäude am 30. März 2023 in Berlin. Aufgrund der anhaltenden Proteste in Frankreich findet der erste Staatsbesuch des Königspaares in Berlin, Brandenburg und Hamburg statt.*

* * *

Meine Damen und Herren,
ich kann kaum in Worte fassen, wie stolz ich auf die starke Partnerschaft unserer beiden Länder bin. Deutschland, seine Menschen und seine unverwechselbare Kultur haben im Laufe meiner vielen Besuche einen so tiefen Eindruck hinterlassen. Seit ich mit gerade einmal 13 Jahren zum ersten Mal nach Deutschland kam, habe ich die verschiedenen Gegenden dieses bemerkenswerten Landes nach und nach kennengelernt.

Wie viele Briten habe ich enge persönliche Verbindungen hierher – für mich sind es familiäre Beziehungen, die mir teuer sind und die Generationen zurückreichen. Was uns jedoch alle verbindet, sind die unzähligen Berührungspunkte und gemeinsamen Erfahrungen der deutsch-britischen Geschichte, die sich über fast zwei Jahrtausende erstreckt.

Während des gesamten Mittelalters lieferte die berühmte Hanse Waren aus Lübeck und Hamburg zu Häfen an der englischen Küste. Sie etablierte so eine Handelspartnerschaft, die bis heute unseren gemeinsamen Wohlstand begründet.

Wo Waren flossen, flossen auch Ideen. Und die Menschen ließen sich voneinander inspirieren.

Wir entwickelten eine gegenseitige Bewunderung für unsere Literatur und Musik. Deutsch war die erste Sprache, in die Shakespeare übersetzt wurde. Und die erste Shakespeare-Gesellschaft der Welt wurde 1864 nicht etwa in England gegründet – sondern in Weimar.

In wenigen Wochen werden wir bei der Krönungsfeier in der Westminster Abbey wieder großartige Werke von Georg Friedrich Händel hören, der als Deutscher geboren wurde und als Brite starb. So wie bei jeder Krönung seit der meines siebenmaligen Urgroßvaters, König Georges des Zweiten, 1727.

Im Laufe der Jahrhunderte sind die Menschen viel hin- und hergereist zwischen unseren beiden Ländern. Im 19. Jahrhundert verliebten sich viele Briten auf ihrer „Grand Tour“ in Deutschland. William Turners faszinierende Gemälde von Ansichten des Rheins weckten in seinen Landsleuten den Wunsch, diese Landschaften selbst zu sehen. Diesen Wunsch sollte der Pionier des Tourismus Thomas Cook später erfüllen, als er erstmals eine Rhein-Reise mit Stationen in Köln, Frankfurt, Heidelberg und Baden-Baden organisierte.

Heute reisen jedes Jahr Millionen von Briten nach Deutschland, und Millionen Deutsche besuchen unser Land. Briten schätzen die lebendige Kultur und das Nachtleben in Berlin und stellen die größte europäische Besuchergruppe in dieser wunderbaren Stadt.

Wir bewundern also noch immer gegenseitig unsere Kultur, sind wirtschaftlich voneinander abhängig, und lassen uns von den Ideen der anderen inspirieren. Jüngere Generationen denken dabei vielleicht nicht nur an Brahms oder Byron, sondern auch an die Beatles oder Kraftwerk, aber das Netz unserer kulturellen Verbindungen ist so stabil wie eh und je.

Und was vielleicht am wichtigsten ist: In den letzten fünfzig Jahren haben wir viel zusammen gelacht, sowohl übereinander als auch miteinander.

Und während Miss Sophies „The same procedure as every year, James“ hoffentlich kein korrektes Bild des modernen Großbritanniens vermittelt, gehört es doch, wie ich weiß, zu einem deutschen „frohen neuen Jahr“. In Großbritannien hat uns Deutschlands Comedy-Botschafter Henning Wehn einen Einblick in die Eigenheiten der Deutschen verschafft, genau wie Monty Python Ihnen die unsrigen nahegebracht hat.

Wie unter guten Freunden üblich, erlaubt die Herzlichkeit unserer Beziehungen manchmal ein kleines Lächeln auf Kosten der anderen.

Natürlich gibt es auch Rivalität – ich denke da besonders an die Begegnungen zwischen unseren Fußballmannschaften.

Vor diesem Hintergrund war es etwas ganz Besonderes, dass die englische Frauenfußballmannschaft – die Lionesses – mit einem Sieg gegen Deutschland Europameister wurde.

Über den sportlichen Erfolg hinaus haben beide Mannschaften auf eindrucksvolle Weise für die Gleichstellung der Geschlechter geworben. So haben sie eine ganze Generation inspiriert, in Großbritannien, Deutschland und auf der ganzen Welt.

*König Charles III. begrüßt die Hamburger Glam-Rock-Band Lord of the Lost um Sänger und Frontmann Chris Harms, die Deutschland am 13. Mai 2023 beim Eurovision Song Contest 2023 in Liverpool vertreten wird.*

Dies ist nur ein Beispiel dafür, wie unsere Länder ein leuchtendes Vorbild für die Welt sein können. Erfreulicherweise gibt es noch viele weitere solcher Beispiele. Konfrontiert mit so vielen gemeinsamen Herausforderungen übernehmen das Vereinigte Königreich und Deutschland eine Führungsrolle zur Sicherung unserer gemeinsamen Zukunft.

Das Vereinigte Königreich und Deutschland sind heute die beiden größten Produzenten von Offshorewindenergie in Europa. Viele deutsche Unternehmen sind an der Herstellung und Installation von Turbinen vor der britischen Küste beteiligt. Durch die Nordsee, über die unsere Menschen seit Generationen reisen und Handel treiben, wird bald eine neue Verbindungsleitung laufen, die uns einen direkten Handel mit Strom ermöglicht.

Unsere Länder treiben beide den Ausbau unserer Wasserstoffwirtschaft voran, eine Ressource, die unsere Zukunft transformieren könnte, und ich freue mich darauf, zu erfahren, wie Hamburg diese Technologie einsetzen will, um seinen Hafen komplett nachhaltig zu machen.

Solche Innovationen sind unverzichtbar, um die uns alle betreffende existenzielle Herausforderung des Klimawandels und der Erderwärmung zu bewältigen, und ich habe mich gefreut, gestern von Teilnehmern des Berlin Energy Transition Dialogue zu hören, wie ihre Länder diese Wende vorantreiben.

Seit Langem sind die britische und die deutsche wissenschaftliche Forschung wegweisend. Bei der Gründung von erfolgreichen neuen Technologie-Start-ups nehmen wir europaweit die ersten beiden Plätze ein. Zwischen unseren Universitäten und Forschungsinstituten gibt es mehr Kooperationen als zwischen jedem anderen Länder-Paar in Europa.

So rüstet ein Berliner Unternehmen in London Laternenmasten auf, um sie als Ladestationen für Elektrofahrzeuge zu nutzen. Und in Berlin kann man sich in einem vollelektrischen Londoner Taxi durch die Stadt fahren lassen.

Auch auf internationaler Ebene arbeiten wir eng zusammen. Auf der Klimakonferenz in Glasgow haben wir zusammen mit Südafrika die „Just Energy Transition Partnership" mitbegründet. Eine weitere solche Partnerschaft mit Indonesien war das Ergebnis einer intensiven Kooperation während der deutschen G-7-Präsidentschaft.

* * *

Herr Bundespräsident,
Frau Bundestagspräsidentin,
meine Damen und Herren,
diese wichtige Partnerschaft zwischen unseren beiden Ländern beruht auf dem Können, Engagement und Einfallsreichtum unzähliger Menschen sowohl in Deutschland als auch im Vereinigten Königreich. Ihnen allen kann ich nur aufrichtig und von ganzem Herzen danken.

Morgen werden wir erneut in feierlichem Gedenken an der Seite der Menschen in Deutschland stehen. In Hamburg werde ich am Denkmal für die Kindertransporte, die vor 85 Jahren mehr als 10.000 jüdische Kinder vor dem Nationalsozialismus retteten und ihnen eine sichere Reise in ein neues Leben in Großbritannien ermöglichten, meinen Respekt zollen.

Gemeinsam mit Ihnen, Herr Bundespräsident, und Herrn Ersten Bürgermeister Tschentscher werde ich auch der Opfer der Bombardierung von Hamburg im Jahr 1943 durch die Alliierten gedenken.

Aus der Vergangenheit zu lernen, ist unsere oberste Pflicht – aber nur durch unser Engagement für eine gemeinsame Zukunft können wir sie voll erfüllen. Gemeinsam müssen wir wachsam sein gegenüber Bedrohungen unserer Werte – und entschlossen, diesen resolut entgegenzutreten. Gemeinsam müssen wir unseren Menschen das Leben in Sicherheit und Wohlstand ermöglichen, das sie verdienen.

Die lange und besondere Geschichte unserer beiden Länder enthält noch viele ungeschriebene Kapitel. Lassen Sie uns diese mit einem unermüdlichen Streben nach einer besseren Zukunft füllen. Unsere gemeinsame Vergangenheit und die Verheißungen unserer gemeinsamen Zukunft verlangen von uns nichts Geringeres.

Meine Damen und Herren, vielen Dank für Ihre Aufmerksamkeit. *

*Jedes Lächeln, jede Mimik von Diana und Charles werden von den Fotografen eingefangen – und analysiert …*

# Als Thronfolger war Charles schon häufig in Deutschland …

… nach Angaben der britischen Botschaft rund 30 Mal offiziell, hinzu kamen private Besuche. Während ihrer gemeinsamen Zeit haben auch Prince Charles und Lady Diana Deutschland besucht; ihr erster offizieller gemeinsamer Besuch als Paar fand im November 1987 statt, wo sie u.a. Hamburg, Bonn, Berlin und München bereisten

*Diana, Princess of Wales, scherzt mit einem Soldaten über seine Tarnbemalung, als sie ohne Charles am 19. Oktober 1985 als Ehrenoberst das 1. Bataillon des Royal Hampshire Regiment in West-Berlin besucht.*

*Auf Deutschlandreise 1987. Oben links: Prince Charles und Diana (1961–1997) kommen im November auf dem Hamburger Flughafen in Deutschland an. Oben rechts: Weiter geht es nach Bonn. Das Prinzenpaar trägt sich in das Gästebuch der Stadt ein. Unten links: Der Prinz und die Prinzessin von Wales nehmen in Bonn an einer Abendveranstaltung teil. Sie trägt ein vom britischen Modedesigner Victor Edelstein entworfenes Kleid. Unten rechts: Diana besucht die Oper in München und hat sich für ein violettes trägerloses Kleid von Catherine Walker, einer französischen Modedesignerin, entschieden.*

*Im Januar 2020 posiert Königin Elizabeth für ein offizielles Porträt mit ihren ersten drei Erben: Charles, William und George.*

DIE ZUKUNFT DER MONARCHIE

# VON QUEEN ELIZABETH BIS PRINCE GEORGE

Die britische Monarchie ist eines der ältesten und bekanntesten Königshäuser der Welt mit einer jahrhundertelangen Geschichte. Und die Nachfolge auf dem britischen Thron war schon immer ein Thema von großem Interesse und Spekulationen, wobei jede neue Generation ihre eigenen Herausforderungen und Chancen mit sich bringt

Die britische Königsfamilie trauert um eine geliebte und ikonische Figur, Königin Elizabeth II., die nach unglaublichen 70 Jahren und 214 Tagen an der Spitze der Monarchie am 8. September 2022 stirbt. An ihrer Stelle wird ihr erstgeborener Sohn, Prince Charles, zum König gekrönt, was eine neue Ära der Führung und des Wandels auf dem Thron einleitet. Prince Charles hat sich seit vielen Jahren auf diesen Moment vorbereitet, indem er sich wohltätigen Zwecken widmete und sich für den Umweltschutz und die Förderung der Jugend einsetzte. Trotz aller Kontroversen und öffentlicher Kritik ist Prince Charles in seinem Engagement für die Monarchie und das britische Volk stets verlässlich geblieben.

Mit seiner Thronbesteigung wird König Charles mit zahlreichen Herausforderungen und Chancen konfrontiert. Er muss sich in der komplexen Welt der modernen Gesellschaft zurechtfinden und gleichzeitig die Traditionen und Werte bewahren, die die britische Monarchie seit Jahrhunderten zu einem Symbol für Stabilität und Kontinuität gemacht haben. Ihm zur Seite steht sein ältester Sohn, Prince William, der sich trotz seines relativ jungen Alters bereits als fähige und einfühlsame Führungspersönlichkeit erwiesen hat, die sich für zahlreiche wohltätige Zwecke einsetzt und ein angesehenes Mitglied der Streitkräfte war. Mit seinem natürlichen Charisma und seinen Führungsqualitäten ist Prince William gut positioniert, um das Erbe der britischen Monarchie fortzuführen und seinen Vater in seiner neuen Rolle als König zu unterstützen.

*Die „Firma": Eine typische Szene aus der BBC-Dokumentation über die königliche Familie aus dem Jahr 1969.*

Eine der Hauptaufgaben von Prince William wird es sein, das Königshaus weiter zu modernisieren und relevanter für die heutige Zeit zu machen. William und seine Frau Kate haben bereits damit begonnen, indem sie Social-Media-Plattformen nutzen, um ihre Aktivitäten zu verbreiten und mit der jüngeren Generation in Kontakt zu bleiben. Sie haben auch an Projekten gearbeitet, die sich auf Themen wie psychische Gesundheit, Umweltschutz und Bildung konzentrieren, um das Interesse der jüngeren Generation zu wecken.

Und dann ist da noch Prince George, der kleine Sohn von Prince William und der Princess of Wales, Kate, der schon öfter bewiesen hat, dass er großen Auftritten mit viel öffentlicher Aufmerksamkeit inzwischen gewachsen ist. Er wird unter der Obhut seines Vaters und Großvaters aufwachsen, die Traditionen und Werte der Monarchie kennenlernen und schließlich seine eigene Rolle innerhalb der königlichen Familie übernehmen. *

# CORONATION QUICHE

Anlässlich der Krönung am 6. Mai hat das Königshaus ein Rezept für die Feierlichkeiten veröffentlicht: die „Coronation Quiche". Herzhaft, mit einem knusprig-leichten Teigboden, Spinat, Bohnen und frischem Estragon. Heiß oder kalt zu genießen

Quicheform 20 cm ❖ Für 6 Personen

## Zutaten

### Teig

- 125 g glattes Mehl
- eine Prise Salz
- 25 g kalte Butter, gewürfelt
- 25 g Schmalz
- 2 Esslöffel Milch
- Backbohnen

### Füllung

- 125 ml Milch
- 175 ml Crème double
- 2 Eier, Größe M
- 1 Esslöffel frischer Estragon, gehackt
- Salz und Pfeffer
- 100 g Cheddar-Käse, gerieben
- 180 g gekochter Spinat, leicht gehackt
- 60 g dicke Bohnen (oder Sojabohnen), gekocht

## Zubereitung

### Teig

**1** Mehl und Salz in eine Schüssel sieben, Butter und Schmalz dazugeben und mit den Fingern so lange kneten, bis eine lockere, bröselartige Konsistenz entsteht.
**2** Die Milch nach und nach zugeben und die Zutaten zu einem Teig verarbeiten.
**3** Abdecken und 30–45 Minuten im Kühlschrank ruhen lassen.
**4** Die Arbeitsfläche leicht bemehlen. Den Teig zu einem Kreis ausrollen, der etwas größer als die Form ist und eine Dicke von etwa 5 mm hat.
**5** Form mit dem Teig auslegen, darauf achten, dass keine Löcher entstehen, sonst könnte die Masse auslaufen. Abdecken und weitere 30 Minuten im Kühlschrank ruhen lassen.
**6** Backofen auf 190 °C vorheizen.
**7** Backform mit Backpapier auslegen, Backbohnen hineingeben und 15 Minuten blind backen, dann das Backpapier und die Backbohnen entfernen.
**8** Ofentemperatur auf 160 °C reduzieren.

### Füllung

**9** Milch, Crème double, Eier, Estragon, Salz und Pfeffer verquirlen.
**10** Die Hälfte des geriebenen Käses auf den blind gebackenen Boden streuen, gehackten Spinat und Bohnen darauf verteilen. Flüssige Mischung darübergießen.
**11** Falls erforderlich, Mischung vorsichtig umrühren, damit sich die Füllung gleichmäßig verteilt. Achtung: nicht den Teig beschädigen.
**12** Mit dem restlichen Käse bestreuen. In den Ofen schieben und 20–25 Minuten backen, bis sie durchgebacken und leicht golden ist.